职场精英
不可不知的
法律常识

高峰◎著

中华工商联合出版社

图书在版编目（CIP）数据

职场精英不可不知的法律常识 / 高峰著. -- 北京：中华工商联合出版社，2024.3
ISBN 978-7-5158-3894-6

Ⅰ．①职… Ⅱ．①高… Ⅲ．①法律－基本知识－中国 Ⅳ．① D920.4

中国国家版本馆CIP数据核字（2024）第048060号

职场精英不可不知的法律常识

作　　者：	高　峰
出 品 人：	刘　刚
图书策划：	蓝色畅想
责任编辑：	吴建新　林　立
装帧设计：	胡椒书衣
责任审读：	付德华
责任印制：	陈德松
出版发行：	中华工商联合出版社有限责任公司
印　　刷：	天津中印联印务有限公司
版　　次：	2024年5月第1版
印　　次：	2024年5月第1次印刷
开　　本：	710mm×1000mm　1/16
字　　数：	197千字
印　　张：	14.5
书　　号：	ISBN 978-7-5158-3894-6
定　　价：	56.00元

服务热线：010-58301130-0（前台）
销售热线：010-58302977（网店部）
　　　　　010-58302166（门店部）
　　　　　010-58302837（馆配部、新媒体部）
　　　　　010-58302813（团购部）
地址邮编：北京市西城区西环广场A座
　　　　　19-20层，100044
http://www.chgscbs.cn
投稿热线：010-58302907（总编室）
投稿邮箱：1621239583@qq.com

工商联版图书
版权所有　盗版必究

凡本社图书出现印装质量问题，请与印务部联系。

联系电话：010-58302915

前　言

在日常生活和职场中，我们可能不像律师、司法工作人员那样精通法律条文和法律理论，但不可否认的是，法律是每个人的护身符，是各种违法违规事件的照妖镜。作为职场人，我们需要了解一些必备的法律知识，运用法律的思维和智慧来维护自身的合法权益，同时做到遵纪守法，规避相应的法律风险。

事实上，很多职场人是缺乏法律意识的，且对于一些关系自身利益的法律知识一无所知或一知半解，以至于吃了亏还不知道怎么回事，合法权益被侵害却不知道如何维权。比如，公司表示试用期合格后才能签订劳动合同，一些求职者认为本应该如此，就痛快地答应了；企业不允许休丧假、婚假，也只能委屈忍受；女职工怀孕了，被调岗调薪，被安排到边缘岗位，做着可有可无的杂事，也不敢据理力争；上班途中发生了交通意外，不知道是否可以获得工伤赔偿……

也有很多职场人法律观念淡薄，不遵守公司的规章制度，无视劳动纪律，以至于做不好职场"主人翁"，还给公司带来不小的损失。比如，在简历上作假，虚构学历和夸大专业技能，以为被录用就万事大吉了；不重视安全生产，疏忽大意，或不严格遵守操作流程和要求，导致生产事故发生；不把工作当回事，不通知企业便擅自离职、离岗，致使工作被耽误、项目被搁浅；明明签订了竞业限制协议，却不守约……

　　结果就是，这些职场人不是自身权益被侵害，就是侵害了企业的合法权益。不管是哪一种，损失都是不小的。因此，作为职场人，我们要学习法律，尤其是《中华人民共和国劳动法》《中华人民共和国劳动合同法》（以下简称为《劳动法》《劳动合同法》）以及相关法律法规，让法律为自己保驾护航，并正确规范地指引自己的行为。

　　学习法律，是利人利己的事情。学习法律，才能让法律服务于我们的职场，才能让我们自己学会依法办事和用法维权。本书就是一本适合职场人的法律常识读物，针对入职、劳动者权益、劳动纠纷、员工违纪、离职等方面讲述有关职场的法律知识，汇集了职场人在职场上常遇见的问题，和员工与用人单位之间普遍发生的矛盾与纠纷。本书还精选了相关法律要点，并对案例和法律条文进行分析和解读，同时增加了知识扩展和普法提示这两个板块，目的就是让读者更广泛、更深刻地了解和学习法律知识，增强法律意识，提升运用法律办事和维权的能力。

　　本书是一本为广大职场人打造的普法宣传读本，将难懂的法律知识通过短小、简单的案例表现出来，具有较强的针对性、实用性和可读性。如果读者遇到劳资问题或劳动纠纷，可以查看相关案例和对应的相关法律条文，结合自身情况，使得问题可以顺利合理地解决。

　　最后，希望读者朋友们通过阅读本书，能有效地补充职场法律知识，增强法律意识，做到知法、懂法、守法和用法，轻轻松松地赢在职场。

目 录

第一章　辨别真假劳动关系
第一节　劳动法规保护谁 /2
第二节　受法律保护的劳动关系 /6
第三节　五种特殊劳动关系 /10
第四节　怎样避开劳务关系中的"坑" /16
第五节　劳动争议的界定 /21

第二章　职场人的入职须知
第一节　简历不诚信的法律风险 /28
第二节　什么样的合同受法律保护 /32
第三节　入职时间怎么算 /38
第四节　试用期"安全着陆" /42
第五节　不法企业常用的入职套路 /47

第三章 劳动合同是劳动者的护身符

第一节 劳动合同中约定的试用期 /56

第二节 无固定期限劳动合同 /59

第三节 不续签必须通知员工 /64

第四节 倒签劳动合同不合法 /68

第五节 培训服务期协议 /72

第六节 集体合同与劳动合同 /75

第四章 劳动权益是职场人的根本利益

第一节 加班费怎么算 /82

第二节 特殊工时制度 /86

第三节 年终奖并非可有可无 /91

第四节 年假应该怎么休 /96

第五节 调岗是谁说了算 /101

第六节 "五险一金"的缴纳 /105

第五章　法律为职场女性撑起整片天

第一节　孕期、产期、哺乳期，期期有法 /112

第二节　生育保险的缴纳与领取 /116

第三节　流产待遇 /120

第四节　怀孕被辞维权法则 /124

第五节　隐瞒怀孕或有法律风险 /128

第六章　劳动纠纷与责任划分

第一节　员工导致企业受损的赔偿 /134

第二节　拖欠工资谁来管 /138

第三节　休病假要合理合法 /143

第四节　工伤的认定 /148

第五节　合法开除与非法开除 /154

第六节　职场"冷暴力"的法律维权 /159

第七章 常见的员工违法行为

第一节 违法的失职行为 /166

第二节 远离商业贿赂 /170

第三节 警惕商业泄密 /175

第四节 必须重视安全生产 /180

第五节 职务违法代价高 /185

第八章 离职不离法

第一节 员工与企业的"分手费" /190

第二节 合法辞职很重要 /195

第三节 劳动合同终止的注意事项 /199

第四节 什么是竞业限制 /204

第五节 离职手续及其法律效力 /210

第六节 人走茶不凉 /214

第七节 失业后的保障 /218

第一章

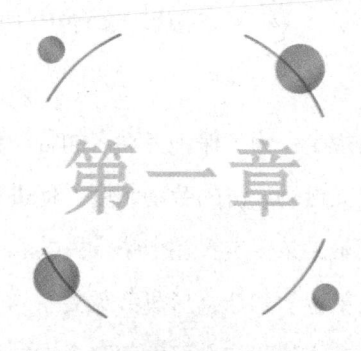

辨别真假劳动关系

　　劳动关系是劳动者与用人单位依法签订劳动合同后,在劳动者与用人单位之间产生的法律关系。换句话说,劳动者与用人单位建立劳动关系后,才受到《劳动法》和《劳动合同法》的保护。可是,很多用人单位为了自身利益,混淆劳动关系、劳务关系和雇佣关系,导致劳动者合法权益受损。那么,如何辨别真假劳动关系呢?

第一节　劳动法规保护谁

《劳动法》第一条规定：为了保护劳动者的合法权益，调整劳动关系，建立和维护适应社会主义市场经济的劳动制度，促进经济发展和社会进步，根据宪法，制定本法。第二条规定：在中华人民共和国境内的企业、个体经济组织（以下统称用人单位）和与之形成劳动关系的劳动者，适用本法。国家机关、事业组织、社会团体和与之建立劳动合同关系的劳动者，依照本法执行。

由此可见，《劳动法》既保护劳动者的合法权益，又保护用人单位的合法权益。但前提是，用人单位和劳动者之间建立了劳动关系。

一、案例

于华毕业于某名牌大学，从事游戏开发工作五年，工作经验丰富、技术好、想法新奇，在本行业很有发展前途。某游戏开发公司看重于华的才华和能力，通过猎头找到他，开出高薪挖他跳槽，并愿意支付竞业限制赔偿金。

于华很是心动，随即向原公司提出离职。原公司领导同意他离职，但前提是完成手上的重要项目才能办理离职手续。于华与新公司进行商议，先与其签订劳动合同，等到原公司项目完成、办理好离职手续再入职，时间是一个月。

新公司爱才惜才，同意于华的要求，并与其签订为期三年的劳动合同。可是一个月后，于华在原公司的项目并未完成，只能提出入职时间再推迟一个月。新公司表示同意，但是在随后的一个月期间，新公司却聘用其他人，导致于华从原公司离职后，失去新工作，处于待业的困境。

那么，于华受《劳动法》保护吗？是否可以向新公司提出违法解除劳动合同的经济补偿？

二、法理分析

新公司是否违法解除劳动合同以及是否需要给予于华经济补偿，要看其双方是否形成了劳动关系。有人会说："于华已经与该公司签订了劳动合同，难道还未形成劳动关系吗？"

没错，根据《劳动法》规定：劳动合同是劳动者与用人单位确立劳动关系、明确双方权利和义务的协议。建立劳动关系应当订立劳动合同。同时《劳动合同法》也规定：建立劳动关系，应当订立书面劳动合同。以上法律条文说明：建立劳动关系，应依法签订劳动合同。然而，这并不意味着签订了劳动合同就一定建立了劳动关系。

因为《劳动合同法》第十条规定：用人单位与劳动者在用工前订立劳动合同的，劳动关系自用工之日起建立。也就是说，劳动关系建立的时间并不是以签订劳动合同的时间为准，而是以产生实际用工关系，即事实劳动关系为准。

本案例中，于华与新公司签订劳动合同，但是并未正式入职、到岗上班，并没有产生实际用工关系，也就未建立劳动关系。《劳动法》保护形成劳动关系的劳动者与用人单位，所以，于华不受《劳动法》保护，也无权向新公司提出经济补偿。

三、知识扩展

《劳动法》赋予劳动者的权利与义务有哪些？

劳动法规保护建立劳动关系的劳动者和用人单位，那么劳动者和用人单位有哪些法定权利和义务呢？

劳动者的法定权利包括：劳动者享有平等就业和选择职业的权利、取得劳动报酬的权利、休息休假的权利、获得劳动安全卫生保护的权利、接受职业技能培训的权利、享受社会保险和福利的权利、提请劳动争议处理的权利以及法律规定的其他劳动权利；劳动者有权依法参加和组织工会；劳动者就业，不因民族、种族、性别、宗教信仰不同而受歧视；妇女享有与男子平等的就业权利等。

劳动者的法定义务包括：完成劳动任务，提高职业技能，执行劳动安全卫生规程，遵守劳动纪律和职业道德（如图1-1所示）。

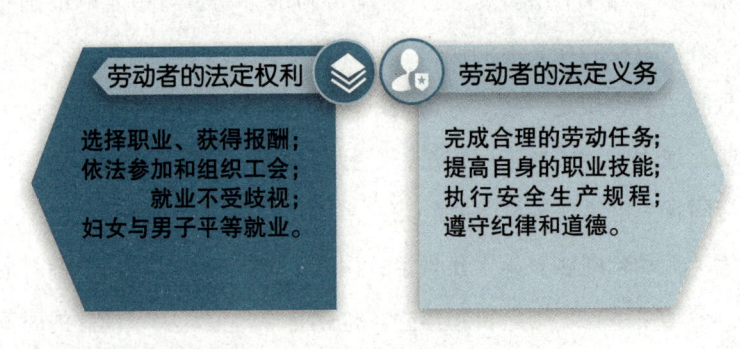

劳动者的法定权利	劳动者的法定义务
选择职业、获得报酬；依法参加和组织工会；就业不受歧视；妇女与男子平等就业。	完成合理的劳动任务；提高自身的职业技能；执行安全生产规程；遵守纪律和道德。

图1-1 劳动者的法定权利与义务

用人单位的法定权利包括：

劳动者有下列情形之一的，用人单位可以解除劳动合同：在试用期间被证明不符合录用条件的；严重违反劳动纪律或者用人单位规章制度的；严重失职、营私舞弊，对用人单位利益造成重大损害的；被依法追究刑事责任的。

劳动者有下列情形之一的，用人单位可以解除劳动合同，但是应当提前三十日以书面形式通知劳动者本人：劳动者患病或者非因工负伤，医疗期满后，不能从事原工作也不能从事由用人单位另行安排的工作的；劳动者不能胜任工作，经过培训或者调整工作岗位，仍不能胜任工作的；劳动合同订立时所依据的客观情况发生重大变化，致使原劳动合同无法履行，经当事人协商不能就变更劳动合同达成协议的。

用人单位的法定义务包括：用人单位应当依法建立和完善规章制度，保障劳动者享有劳动权利和履行劳动义务；用人单位必须建立、健全劳动安全卫生制度，严格执行国家劳动安全卫生规程和标准，对劳动者进行劳动安全卫生教育，防止劳动过程中的事故，减少职业危害；用人单位必须为劳动者提供符合国家规定的劳动安全卫生条件和必要的劳动防护用品，对从事有职业危害作业的劳动者应当定期进行健康检查。

四、法条链接

《中华人民共和国劳动法》

第一条 为了保护劳动者的合法权益，调整劳动关系，建立和维护适应社会主义市场经济的劳动制度，促进经济发展和社会进步，根据宪法，制定本法。

第二条 在中华人民共和国境内的企业、个体经济组织（以下统称用人单位）和与之形成劳动关系的劳动者，适用本法。国家机关、事业组织、社会团体和与之建立劳动合同关系的劳动者，依照本法执行。

五、普法提示

对于劳动者来说，应增强法律意识，了解和读懂《劳动法》，知道什么时候与用人单位签订劳动合同，知道如何保护自己的平等就业权、休息权、享受社会保险和福利的权利等。同时，劳动者应遵纪守法，不随意违反劳动纪律以及用人单位的规章制度；认真负责，避免失职，给用人带来经济损失。

只有增强法律意识，对于自己和用人单位的权利与义务有较深了解，才能依法办事。只有做到知法、懂法和守法，才能依靠劳动法规保护自己的合法权益不受侵害。

第二节　受法律保护的劳动关系

劳动关系，是用人单位雇用劳动者，劳动者在用人单位的管理下，提供由用人单位支付报酬的劳动而产生的权利义务关系。劳动关系的建立对于保护劳动者的合法权益，建立和维护适应社会主义市场经济的劳动制度，促进经济发展和社会进步都起着非常重要的作用。

那么，是不是形成一方提供劳动，另一方提供劳动报酬的雇佣关系，就算形成了劳动关系？什么是受法律保护的劳动关系？

一、案例

范大姐从农村来到城市，给上高中的孩子做陪读，为了贴补家用，在朋友介绍的一户人家做保姆。这户人家的女主人与她签订协议，约定每月工资3000元，不住家，不管孩子，只负责洗衣、做饭、打扫卫生。范大姐勤快本分，女主人也比较温柔大方，双方相处非常愉快。

不过，意外发生了。一天，范大姐骑车来这家工作时，因躲避跑到马路上的流浪狗而摔倒在地，导致腿部擦伤、右手骨折。范大姐被送往医院，花费了2000元进行治疗，右手被打上石膏，三个月后才能拆掉。这样一来，范大姐就不能继续工作了，只能在家养伤。这位女主人也很通情达理，不仅买营养品来探望，还给范大姐留下300元钱。

一段时间后，范大姐听孩子说："因工作受伤或在工作期间受伤，属于工伤，可以要求雇主赔偿医药费和误工费。"范大姐将信将疑地找到女主人，但是女主人却拒绝赔偿，表示范大姐不是在提供劳务期间或在工作期间受伤，自己无需承担赔偿责任。

那么，范大姐要求赔偿医药费和经济损失的主张合理吗？

二、法理分析

想要判定范大姐的主张是否合理，我们必须明确雇主（女主人）与保姆（范大姐）之间的关系，以及雇主是否应该对范大姐的摔伤承担过错责任。

针对第一个问题，我们可以明确雇主与保姆之间属于雇佣关系，而不是劳动关系。范大姐认为自己为雇主工作，双方便形成劳动关系，自己因工作受伤算是工伤，是错误的。根据我国法律规定，劳动关系是一种结合关系，本质上强调劳动者将其所有的劳动力与用人单位的生产资料相结合，劳动力始终作为一种生产要素存在；劳动关系是一种从属性的劳动组织关系。劳动关系一旦形成，双方在职责上具有从属关系。用人单位要安排劳动者在组织内和生产资料结合，而劳动者需要通过自身的劳动，完成用人单位交给的各项生产任务，并遵守单位内部的规章制度；劳动关系是人身关系，劳动者向用人单位提供劳动力，实际上就是将其人身在一定限度内交给用人单位。

所以说，保姆和家政服务公司属于事实的劳动关系，而保姆和雇主之间则属于雇佣关系。如果保姆与家政公司签订劳动合同，再由家政公司派给雇主，那么保姆与雇主形成劳务关系。但不管怎样，保姆和雇主之间发生劳动纠纷，都不适用于《劳动法》，而是适用于《民法典》。

这就涉及我们的第二个问题了。既然保姆和雇主之间的纠纷适用于《民法典》，那么就属于民事争议。《民法典》规定：个人之间形成劳务关系，提供劳务一方因劳务造成他人损害的，由接受劳务一方承担侵权责任……提供劳务一方因劳务受到损害的，根据双方各自的过错承担相应的责任。提供劳务期间，因第三人的行为造成提供劳务一方损害的，提供劳务一方有权请求第三人承担侵权责任，也有权请求接受劳务一方给予补偿。

就是说，女主人是否承担民事责任，要看其是否存在过错，或者保姆是否因工作或在提供服务期间受伤。本案例中，范大姐因骑车出现意外而受伤，雇主没有过错。同时，范大姐是上班途中受伤，并非因为工作受伤。那么，上下班途中，属于"提供劳务期间"吗？一般来说，劳动关系中的"上下班途中"，属于工伤赔偿范畴；劳务关系中的"上下班途中"，不属于"提供劳务期间"。只有从范大姐迈进雇主家门的那一刻起，才算是"提供劳务期间"。因此，雇主是没有赔偿责任的，女主人带着营养品看望，并留下300元钱，已经属于尽了人道主义责任，不应再赔偿其医药费和误工费。

三、知识扩展

没签订劳动合同，如何证明劳动关系？

《劳动合同法》规定，建立劳动关系，应当订立书面劳动合同。那么，是不是未签订劳动合同，就不能证明双方存在劳动关系？其实，并非如此。

因为《劳动合同法》第七条规定：用人单位自用工之日起即与劳动者建立劳动关系。也就是说，是否形成劳动关系不以是否签订劳动合同为标准，即便员工与用人单位未签订书面劳动合同，用人单位也不能否认事实劳动关系的存在。

劳动者只要正式入职，为用人单位提供劳动，就可以通过以下书面文件和凭证证明劳动关系的存在（如图1-2所示）。

1.职工的工资支付凭证或记录；

2.公司为职工缴纳社会保险费用的记录；

3.公司向劳动者发放的工作证、服务证等身份证件；

4.有公司盖章的"入职登记表""报名表"等；

5.职工的考勤记录等。

图 1-2 可以证明劳动关系的文件

所以，如果用人单位未与你签订劳动合同，你一定要保留以上相关资料，证明双方事实劳动关系的存在。之后如果发生劳动纠纷，这有助于你得到劳动仲裁委员会或人民法院的支持，维护自身合法权益。

四、法条链接

《中华人民共和国民法典》

第一千一百九十二条　个人之间形成劳务关系，提供劳务一方因劳务造成他人损害的，由接受劳务一方承担侵权责任。接受劳务一方承担侵权责任后，可以向有故意或者重大过失的提供劳务一方追偿。提供劳务一方因劳务受到损害的，根据双方各自的过错承担相应的责任。

提供劳务期间，因第三人的行为造成提供劳务一方损害的，提供劳务一方有权请求第三人承担侵权责任，也有权请求接受劳务一方给予补偿。接受劳务一方补偿后，可以向第三人追偿。

五、普法提示

劳动关系受《劳动法》《劳动合同法》保护。在实践中，职场人要明确劳动关系确定的标准，弄明白什么是劳动关系、劳务关系以及雇佣关系。求职者在寻找工作和入职新单位时，要尽量与用人单位签订劳动合同，通过书面形式建立劳动关系。即便不符合建立劳动关系的条件，也应该增强法律意识，用法律来维护自身合法权益。

需要注意的是，以下几种劳动者与用人单位不形成劳动关系，不受《劳动法》保护：

1.在校学生在外兼职、学校安排的社会实习、自行从事的社会实践活动等，一般无法被认定为劳动关系。

2.劳动者与企业签订承包协议，利用企业提供的技术、设备或劳动力，完成某项工作，不形成劳动关系。

3.劳动者为自然人工作，比如提供家政服务，因为自然人无法成为劳动法规中的"用人单位"，双方无法形成劳动关系。

第三节　五种特殊劳动关系

劳动者与用人单位必须都具备劳动关系主体资格，同时签订劳动合同，双方才形成正式的劳动关系。而在实践中，往往有很多特殊劳动关系，比如用人单位与未成年员工的劳动关系。

特殊劳动关系区别于一般劳动关系，是用人单位雇用特殊劳动者所形成的劳动合同关系。对于特殊劳动者来说，法律对其劳动权利义务赋予了特别规定。如果你是特殊劳动者，应明确法律赋予自己的合法权益，避免权益受到侵害。

一、案例

　　吴军是湖北某市的十七周岁男孩，因家庭条件困难到某化工厂做工人。因吴军不满十八周岁，该工厂负责人表示不需签订劳动合同，只是口头约定工作岗位为后勤，负责生产工作的后勤保障工作，每月工资为3000元。

　　后来，由于工厂生产任务紧，该负责人安排吴军从事与生产密切相关的工作，且经常加班加点，甚至偶尔还会上夜班。吴军感觉有些力不从心，觉得自己不能承担如此繁重的工作，于是向该负责人提出继续干后勤保障工作。该负责人则以厂里工作任务重、人手少为由拒绝了他的请求，同时表示虽然吴军是未成年工，但是所领取的工资与其他成年工一样，根据同工同酬的原则，理应从事同样的工作。

　　吴军虽不情愿，但也无可奈何。一段时间后，吴军与邻居年长的哥哥交谈，意识到该工厂不与自己签订劳动合同，且安排自己从事繁重工作的行为是违法的，于是当即向当地劳动争议仲裁委员会申请仲裁。

　　经劳动争议仲裁委员会裁定，十六周岁以上不满十八周岁的公民，以自己的劳动收入为主要生活来源的，视为完全民事行为能力人，有权依照合同自由原则订立合同。所以，该工厂以吴军不满十八周岁为由拒绝与其签订劳动合同的行为，是不合法的。

　　同时，根据《劳动法》相关规定，国家对未成年工实行特殊劳动保护。未成年工正处于生长发育时期，人体器官尚未成熟，体力比较弱，且一般抵抗力和耐力差，用人单位应采取特殊保护措施。在本案例中，该负责人要求吴军从事繁重的工作，且加班加点、上夜班，严重损害了吴军的身体健康，违反了我国相关法律规定。吴军有权要求恢复原工作岗位，若是身体遭受损害的话，也可以要求该工厂支付相应的赔偿。

二、法理分析

未成年工是特殊劳动者，与用人单位建立的是特殊劳动关系。

对于未成年工，即年满十六周岁未满十八周岁的劳动者，我国相关法律法规要求采取一些特殊的劳动保护措施。目的是保护其安全和健康，避免其身体健康受到损害，避免其接受义务教育的权益受到侵犯。

比如，《劳动法》有如下相关规定：不得安排未成年工从事矿山井下、有毒有害、国家规定的第四级体力劳动强度的劳动和其他禁忌从事的劳动；用人单位应当对未成年工定期进行健康检查。《未成年人保护法》第六十一条规定：招用已满十六周岁未成年人的单位和个人应当执行国家在工种、劳动时间、劳动强度和保护措施等方面的规定，不得安排其从事过重、有毒、有害等危害未成年人身心健康的劳动或者危险作业。

如果你属于未成年工，应了解一些未成年工权益保护的法律法规，对于侵害自己合法权益的行为说"不"。

除此之外，大家在这里也需要了解其他几种特殊劳动关系（如图1-3所示）。

01 与外籍员工的劳动关系	03 与非全日制员工的劳动关系
02 与医疗期员工的劳动关系	04 与兼职员工的劳动关系

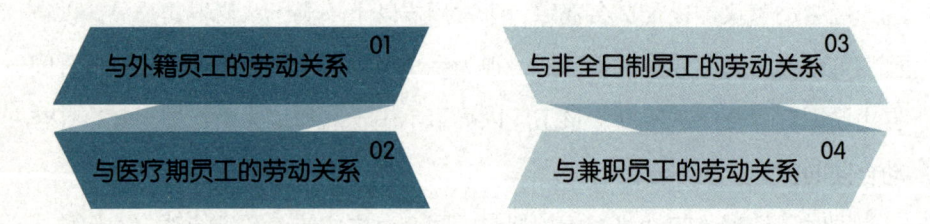

图1-3　其他四种特殊劳动关系

（一）与外籍员工的劳动关系。

外籍人员必须在符合一些条件、满足一些要求后才能在我国就业。用人单位想要与外籍员工建立劳动关系，外籍员工必须符合以下条件：

1.年满十八周岁，身体健康；

2.具有从事其工作所必需的专业技能和相应的工作履历；

3.无犯罪记录，有确定的聘用单位；

4.持有有效护照或能代替护照的其他国际旅行证件；

5.入境后取得外国人就业许可证和外国人居留证件。

同时，聘用外国人工作的相关企业，必须到本地区的劳动保障行政部门或其授权的劳动保障行政部门报批。首先用人单位需要填写《聘用外国人就业申请表》，向与劳动行政主管部门同级的行业主管部门提出申请，并且提供相关有效文件。

（二）与医疗期员工的劳动关系。

医疗期，是指员工因病或非工伤原因，停止工作治病休息，不得解除劳动合同的时限。员工在医疗期，用人单位需要给予特殊照顾，不能不批员工的病假，也不能单方面与员工解除劳动合同。

医疗期满后，员工能从事原工作，用人单位可以安排其从事原工作；如果不能从事原工作，则应该另行安排其他工作岗位。如果员工既不能从事原工作，也不能从事另行安排的工作，用人单位可以根据劳动鉴定委员会对其劳动能力的鉴定，合法合理对员工进行安排，或是办理退休手续，或是解除劳动合同。

（三）与非全日制员工的劳动关系。

非全日制用工就是以小时计酬为主，员工在同一用人单位每日平均工作时间不超过4小时，每周工作时间累计不超过24小时的用工方式。

根据《劳动合同法》规定，只要建立用工关系，就需要签订劳动合同，不管是什么形式的用工。所以，非全日制员工也必须与用人单位签订劳动合同，且用人单位必须为其缴纳工伤保险。

（四）与兼职员工的劳动关系。

大多数人做兼职时，只是与用人单位签订兼职合同，或只是口头约定工作内容、报酬等，并认为双方不存在劳动关系。

兼职人员与用人单位是否存在劳动关系，主要看用工是否符合劳动关系基本特征。

在实践中，可以根据《关于确立劳动关系有关事项的通知》来判断是否形成事实劳动关系，具体内容概括如下：

1.用人单位招用劳动者未订立书面劳动合同，但同时具备下列情形的，劳动关系成立：

（1）用人单位和劳动者符合法律、法规规定的主体资格；

（2）用人单位依法制定的各项劳动规章制度适用于劳动者，劳动者受用人单位的劳动管理，从事用人单位安排的有报酬的劳动；

（3）劳动者提供的劳动是用人单位业务的组成部分。

2.用人单位未与劳动者签订劳动合同，认定双方存在劳动关系时可参照各种有效凭证。比如，工资支付凭证或记录、缴纳各项社会保险费的记录等。

只要符合以上条件，兼职员工与用人单位就形成了劳动关系，可以利用法律武器维护自身权益。

另外，在校实习生只要年满十六周岁，并满足一些特定条件，比如在用人单位有明确工作岗位，劳动报酬与普通员工一致，受到用人单位规章制度约束等，即构成劳动关系。

三、知识扩展

退休返聘是否构成劳动关系？

退休返聘是指用人单位聘用已达法定退休年龄的员工，或者已达法定退休年龄的员工继续在原单位任职。

退休返聘的员工与用人单位是否构成劳动关系，其中一个重要的判断依据是员工是否享受养老保险待遇或领取退休金。《劳动合同法》第四十四条规定：劳动者开始依法享受基本养老保险待遇的，劳动合同终止。也就是说，如果退休返聘的员工已享受养老保险待遇或领取退休金，那么其与用人单位建立的不是劳动关系，而是劳务关系。

至于未享受养老保险待遇的退休返聘人员，是否与用人单位构成劳动关系是存在一定争议的。具体有以下两种观点：

1.构成劳动关系。因为相关法律法规并未禁止已达法定退休年龄的人员与用人单位形成劳动关系。如果员工已达法定退休年龄，但未享受养老保险待遇，应认定为与用人单位构成劳动关系。如果员工未达到法定退休年龄，已经内退，那么与新的用人单位签订合同后，应确认为劳动关系。

2.构成劳务关系。因为根据《劳动合同法实施条例》第二十一条规定：劳动者达到法定退休年龄的，劳动合同终止。这一观点认为，已到法定退休年龄的人员不符合劳动关系中劳动者的主体资格，所以不形成劳动关系，而是劳务关系。

综上，为避免退休返聘带来的风险，在退休后被用人单位返聘时，劳动者需要注意签订的是劳动合同还是劳务合同，用人单位是否为自己购买了商业保险或工伤保险。

四、法条链接

《中华人民共和国劳动法》

第五十八条　国家对女职工和未成年工实行特殊劳动保护。未成年工是指年满十六周岁未满十八周岁的劳动者。

第六十四条　不得安排未成年工从事矿山井下、有毒有害、国家规定的第四级体力劳动强度的劳动和其他禁忌从事的劳动。

第六十五条 用人单位应当对未成年工定期进行健康检查。

五、普法提示

对于特殊劳动者，相关法律法规有特殊的保护措施。所以，如果你属于特殊劳动者，应认真学习相关法律常识，避免自身合法权益受到侵害。具体可以关注以下几点：

1.在校实习生如果希望与用人单位建立劳动关系，应注意避免名为实习、实为劳动关系的用工情况。

2.医疗期满，仍需要长期治疗时，应向用人单位、劳动主管部门申请延长医疗期。如果用人单位以"不能从事工作"为由，单方面解除劳动合同，员工应该及时收集证据，申请劳动仲裁或提起诉讼。

3.对于非全日制员工来说，法律不强制用人单位为其购买养老、医疗保险，但必须购买工伤保险。

第四节 怎样避开劳务关系中的"坑"

劳务关系，是劳动者与用人单位根据口头或书面约定，由劳动者向用人单位提供一次性或特定的劳动服务，用人单位依据约定向劳动者支付劳务报酬的一种有偿服务的法律关系。劳务关系的双方需要订立劳务合同，可以是书面形式，也可以是口头形式和其他形式。

事实上，因劳动关系与劳务关系有很大差别，一些用人单位会误导劳动者或在其不知情的情况下，与其签订劳务关系合同，故意混淆劳务关系与劳动关系，导致劳动者合法权益被侵害。

一、案例

2021年3月，秦力进入某建筑施工企业工作，主要从事施工机器维修等工作。之后，双方签订劳务合同，报酬支付方式为计时，按照实际出勤天数260元每天计算工资，该企业为秦力缴纳社会保险。

2023年1月，该建筑施工企业决定与秦力解除劳务合同，并提出双方之间属于劳务关系，企业有权随时解除合同并无需进行任何补偿。秦力并不同意，认为自己是该企业员工，工作期间按时出勤、接受管理，服从公司的管理和安排，且遵守相应规章制度，应属于劳动关系，而不是劳务关系。当初之所以签订劳务合同，是因为疏忽大意，且企业人事人员混淆了劳务关系与劳动关系，误导了自己。

因此，秦力同意与该建筑施工企业解除劳动关系，但是要求其支付自己相应的经济补偿金。双方经过几次沟通，无法达成一致。秦力随即申请劳动仲裁，要求认定双方属于劳动关系，并要求该企业支付自己应得的经济补偿。

经调查，劳动仲裁委员会认为，秦力与该建筑施工企业存在事实的劳动关系。其根据是，虽然秦力的工作按照出勤天数计算，停工期间不计算报酬，但是秦力与该企业都符合建立劳动关系的主体资格，秦力在企业提供劳动，有证据证明自己实际受到了各项规章制度的管理约束，且企业按月向秦力发放劳动报酬。

虽然双方签订的是劳务合同，但是并不影响双方实际建立的劳动关系的事实，根据相关法律规定，劳动仲裁委员会支持秦力的主张。

二、法理分析

劳动者与用人单位之间是劳动关系还是劳务关系，其主要依据不是双方签订的书面合同，而是用人单位的实际用工形式。

如果用人单位和劳动者符合法律、法规规定的主体资格；劳动者遵守用人单位依法制定的各项劳动规章制度，且受到用人单位的管理，从事用人单位安排的有报酬的劳动；劳动者提供的劳动是用人单位业务的组成部分，那么两者就可以确定为劳动关系。反之，双方是平等的民事权利义务关系，劳动者提供劳务服务，用人单位支付劳务报酬，双方只是财产关系，没有人身关系或从属关系，则不能确定为劳动关系。

本案例中，秦力除了为该企业提供劳动、获得报酬之外，与该企业属于管理与被管理的关系。其用工形式并不是劳务派遣，而是属于无固定期限用工。按照实际出勤天数计算报酬，属于综合工时制，用人单位可以灵活安排员工的工作时间。因此，该企业混淆劳务关系与劳动关系，与秦力签订劳务关系是不合法的。

三、知识扩展

与劳动关系相近的劳务关系有哪些？

一般来说，与劳动关系相近的劳务关系有以下几种：

第一种，用人单位将某项工程发包给个人，或者将某项临时性或一次性工作交给个人，双方订立劳务合同，形成劳务关系。

第二种，用人单位与劳务输出公司签订合同，劳务输出公司向其派遣劳务人员，双方订立劳务派遣合同。

第三种，待岗、下岗、内退、停薪留职人员，与原用人单位存在劳动关系，在外从事临时性、有报酬的工作时，与新的用人单位只能签订劳务合同，建立劳务关系。

第四种，已经办完手续的离退休人员，又被用人单位聘用，双方签订聘用合同，形成劳务关系。

第五种，一次性或临时性的非常年性工作，或可发包的劳务工作，用人单位可以聘用劳务人员，双方签订劳务合同。

这些劳务关系与劳动关系的形式比较相近，一些劳动者尤其是刚出社会的年轻人，可能因为不知情、不懂法或疏忽大意，掉入一些用人单位设计的"坑"，导致自身权利受到损害。所以，作为职场人的我们必须提高警惕并树立法律意识，明确什么是劳动关系，什么是劳务关系，辨明其中的陷阱。如果发现自己已经"入坑"，一定要拿起法律武器维护自身权益。

四、法条链接

《关于确立劳动关系有关事项的通知》

一、用人单位招用劳动者未订立书面劳动合同，但同时具备下列情形的，劳动关系成立。

（一）用人单位和劳动者符合法律、法规规定的主体资格；

（二）用人单位依法制定的各项劳动规章制度适用于劳动者，劳动者受用人单位的劳动管理，从事用人单位安排的有报酬的劳动；

（三）劳动者提供的劳动是用人单位业务的组成部分。

二、用人单位未与劳动者签订劳动合同，认定双方存在劳动关系时可参照下列凭证：

（一）工资支付凭证或记录（职工工资发放花名册）、缴纳各项社会保险费的记录；

（二）用人单位向劳动者发放的"工作证""服务证"等能够证明身份的证件；

（三）劳动者填写的用人单位招工招聘"登记表""报名表"等招用

记录；

（四）考勤记录；

（五）其他劳动者的证言等。

二中的（一）、（三）、（四）项的有关凭证由用人单位负举证责任。

《中华人民共和国劳动合同法》

第十条　建立劳动关系，应当订立书面劳动合同。

已建立劳动关系，未同时订立书面劳动合同的，应当自用工之日起一个月内订立书面劳动合同。

用人单位与劳动者在用工前订立劳动合同的，劳动关系自用工之日起建立。

五、普法提示

劳动关系与劳务关系只有一字之差，但是在司法实践中经常被混淆。下面我们介绍几种用人单位可能会设计的劳务关系的"坑"，希望大家能警醒。

第一种，在故意隐瞒员工的情况下，用人单位与第三方劳务派遣公司签订劳务派遣协议，将员工视为劳务派遣人员。

第二种，用人单位在已与劳动者建立事实劳动关系后，误导或强迫其与第三方劳务派遣公司签订合同。

第三种，混淆劳务关系与劳动关系，与劳动者建立事实劳动关系，却签订劳务合同。

第四种，表面签订承包合同，但实际上，劳动者接受用人单位的管理和支配，存在事实的劳动关系。

第五种，用人单位将项目或工程承包给个人，由个人招用劳动者，承包者与劳动者建立事实劳动关系，却不签订劳动合同。

第五节　劳动争议的界定

什么是劳动争议？

简单来说，也叫劳动纠纷，是劳动关系的当事人之间因执行劳动法律、法规和履行劳动合同而发生的纠纷。劳动争议产生的前提是，双方存在着劳动关系，并因劳动关系中的权利义务发生了纠纷。如果劳动者和用人单位不是劳动关系，是劳务关系，那么便不是劳动争议，也不适用处理劳动争议的法定程序：协商—仲裁—诉讼（如图1-4所示）。

协商：争议双方尽力协商

仲裁：向劳动仲裁委员会申请仲裁

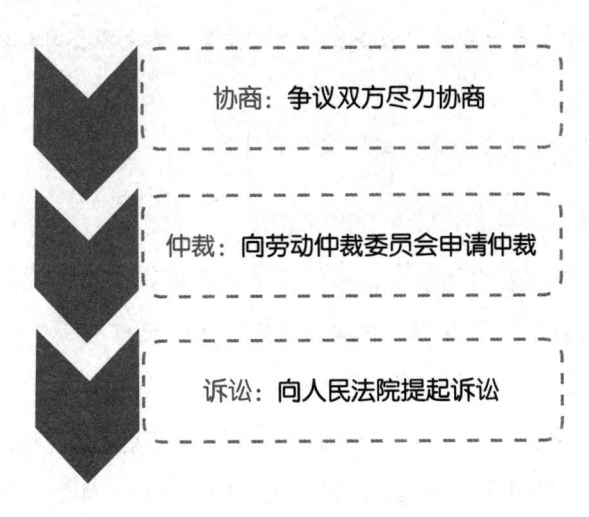

诉讼：向人民法院提起诉讼

图1-4　处理劳动争议的流程

一、案例

2018年初，方圆入职某家电销售公司，成为销售部的销售员。在劳动合同中双方约定，每月基本工资为3000元，绩效按每月的业绩进行提成。方圆很有拼劲儿，且因为孩子上学需要钱，家庭经济压力较大，因此工作积极性非常高，所以每个月绩效提成在部门始终名列前茅，月总收入高达2万多元。

2022年5月，方圆被一家大型销售企业看中，经猎头牵头拉线，跳槽到该公司担任销售部副经理。方圆向原公司提出辞职，与其解除劳动关系，与新公司签订了为期三年的劳动合同。2023年4月，方圆因购房资金紧张，才想起自己在原公司的最后一个月绩效工资并未结算，离职时迫于压力没有提。

方圆找到原公司负责人协商，但遭到拒绝。方圆表示要申请劳动仲裁，原公司负责人则说双方已经不存在劳动关系，即便方圆申请，仲裁委员会也不会受理。方圆当即向当地劳动仲裁委员会申请仲裁，要求原公司补发绩效工资。

那么，劳动仲裁委员会会受理这个案件吗？

二、法理分析

拖欠劳动报酬发生的争议，不管员工是否离职，都属于劳动争议。不过，本案例的争议在于方圆已经离职将近一年，和新公司建立新的劳动关系，劳动仲裁委员会会受理这个案件吗？

这涉及劳动争议诉讼时效的问题。根据《劳动争议调解仲裁法》第二十七条规定：劳动争议申请仲裁的时效期间为一年。仲裁时效期间从当事人知道或者应当知道其权利被侵害之日起计算……劳动关系存续期间因拖欠劳动报酬发生争议的，劳动者申请仲裁不受本条第一款规定的仲裁时效期间的限制；但是，劳动关系终止的，应当自劳动关系终止之日起一年内提出。

由此可见，我国劳动争议仲裁的时效为一年，从当事人知道或者应当知道其权利被侵害之日起计算。虽然因拖欠劳动报酬发生的争议不受一年限制，但是应当在劳动关系终止后一年内提出仲裁申请，否则劳动仲裁委员会就不会受理了。

本案例中，方圆于2022年5月提出离职，2023年4月提出申请劳动仲裁，没有过仲裁时效，劳动仲裁委员会会支持其请求。但是，如果方圆等到2023年6月再申请，该公司以申请已经过了仲裁时效进行抗辩，劳动仲裁委员会便不会支持方圆的请求。

需要注意的是，如果遇到不可抗力，比如受疫情影响，当事人不能在时效内申请劳动仲裁，相关法律规定仲裁时效中止，等到疫情平稳后可以申请仲裁时，仲裁时效再继续计算。

三、知识扩展

劳动争议有哪几种情形？

（一）在实操中，属于劳动争议的情形有很多，主要包括以下方面：

1.用人单位单方面或强制为员工调岗降薪。

2.不按时足额支付加班工资。

3.辞退员工，不支付经济补偿金或赔偿金。

4.女职工"三期"待遇得不到保证，借故调整孕妇工作岗位或者逼迫孕妇离职。

5.不按时或少缴纳社会保险。

6.用人单位与员工未依法订立劳动合同，或不签订劳动合同。

7.用人单位单方面辞退违纪或考核不合格员工，以及法律、法规规定的其他劳动争议等。

（二）不属于劳动争议的情形也有很多，主要包括以下方面：

1.劳动者请求社会保险经办机构发放社会保险金的纠纷。

2.劳动者与用人单位因住房制度改革产生的公有住房转让纠纷。

3.劳动者对劳动能力鉴定委员会的伤残等级鉴定结论或者对职业病诊断鉴定委员会的职业病诊断鉴定结论存在异议。

4.家庭或者个人与家政服务人员之间因为工作时间、薪酬等问题产生的纠纷。

5.个体工匠与帮工、学徒之间的纠纷。

6.农村承包经营户与被雇用工人之间的纠纷。

不管是用人单位还是劳动者都应该明确劳动争议是如何界定的，这样才能保护自身合法权益不受侵害，并用最低成本和风险来在工作中做好防范。

四、法条链接

《中华人民共和国劳动争议调解仲裁法》

第二条　中华人民共和国境内的用人单位与劳动者发生的下列劳动争议，适用本法：

（一）因确认劳动关系发生的争议；

（二）因订立、履行、变更、解除和终止劳动合同发生的争议；

（三）因除名、辞退和辞职、离职发生的争议；

（四）因工作时间、休息休假、社会保险、福利、培训以及劳动保护发生的争议；

（五）因劳动报酬、工伤医疗费、经济补偿或者赔偿金等发生的争议；

（六）法律、法规规定的其他劳动争议。

第二十七条　劳动争议申请仲裁的时效期间为一年。仲裁时效期间从当事人知道或者应当知道其权利被侵害之日起计算。

前款规定的仲裁时效，因当事人一方向对方当事人主张权利，或者向有关部门请求权利救济，或者对方当事人同意履行义务而中断。从中断时起，仲裁时效期间重新计算。

因不可抗力或者有其他正当理由，当事人不能在本条第一款规定的仲裁时效期间申请仲裁的，仲裁时效中止。从中止时效的原因消除之日起，仲裁时效期间继续计算。

劳动关系存续期间因拖欠劳动报酬发生争议的，劳动者申请仲裁不受本条第一款规定的仲裁时效期间的限制；但是，劳动关系终止的，应当自劳动关系终止之日起一年内提出。

五、普法提示

劳动者合法权益受到侵害时，应当尽量与用人单位协商，若是协商未果，便可以拿起法律武器维护自身权益。同时，劳动者需要明确劳动争议的范围、劳动仲裁的时效、处理劳动争议的流程，等等。

属于劳动仲裁范围的，要及时在仲裁时效期间内积极行使自己的权利，不要错过了仲裁时效。不属于劳动仲裁范围的，要及时向相关行政部门投诉或向人民法院起诉。明确自己的权益与义务，不躺在权利上"睡觉"，才能受到法律保护。

第二章

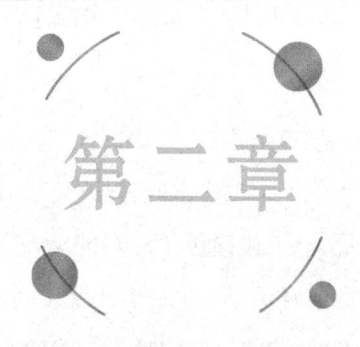

职场人的入职须知

对于劳动者来说，入职是进入职场、建立劳动关系的第一步。而入职，涉及入职登记、签订劳动合同、试用期等事宜，劳动者应该提升法律风险意识，依法入职，并防范不法企业常用的入职套路，这样才能让自己在进入职场的第一步"安全着陆"，并建立和谐合法的劳资关系。

第一节　简历不诚信的法律风险

为了找到心仪工作，把自己"推销"出去，很多求职者会设计、美化个人简历，这本无可厚非。然而，很多求职者却存在不如实填写简历的情况，这样一来，其行为便不属于美化简历了，可能涉及入职欺诈。面对这种情形，用人单位有权单方面解除劳动合同，且无需支付经济补偿金。如果已经给用人单位造成损失，求职者还应当承担相应赔偿责任。

一、案例

2022年10月，李望到某电商公司应聘财务方面的岗位，该岗位要求必须是知名财经大学毕业，且有注册会计师证。李望符合第一个条件，但是并未获得注册会计师证。当时，李望已经参加考试，且有信心一定能考过。于是，他谎称已经拿到了注册会计师证，并成功入职该公司财务岗位，签订了为期3年的劳动合同。

后来，在试用期内，李望的CPA考试中一个科目并未考过，不能如期拿到证书。而公司也发现李望简历作假的事实，认为他存在欺诈行为，决定单方面与其解除劳动合同。李望不服，认为公司单方面解除劳动合同的行为不符合相关规定，当即申请劳动仲裁。公司则认为，单方面解除劳动合同是因为李望提供的个人简历存在虚假情形，其未拿到注册会计师证，不满足公司录用条件，所以其有权解除劳动合同。

劳动仲裁委员会了解相关情况后，认为依据相关法律规定，劳动者在试用期间被证明不满足录用条件的，用人单位可以解除劳动合同。该公司在招录时明确规定录用条件为：该岗位必须是知名财经大学毕业生，且拥有注册会计师证；如实报告个人情况，不得隐瞒伪造个人信息。而且，李望签字确认的《员工入职承诺书》也载明：本人承诺在入职时提供的工作经历真实、准确、有效。一经核实本人提供虚假材料，公司有权即时解除与本人的劳动关系，且无需支付任何经济补偿金。

因此，劳动仲裁委员会将李望的要求驳回。之后，李望诉至法院，要求仍未被支持。

二、法理分析

本案例属于以虚假简历入职的情况，涉嫌入职欺诈。李望没有获得注册会计师证，并抱着"我已经参加考试，等到考过了，拿到证书了，公司自然无法发现"的想法，结果却因为考试没考过，事情败露。那么，这种情况是否会导致劳动合同无效或部分无效？企业单方面解除劳动关系，是否合理？

根据《劳动合同法》第八条规定，订立劳动合同时，用人单位有权了解劳动者与劳动合同直接相关的基本情况，劳动者应当如实说明。与劳动合同直接相关的基本情况，一般包括以下几点（如图2-1所示）。

1.劳动者的健康状况，主要指身体、心理以及其他不适宜从业要求的疾病等问题。

2.相关知识技能，指劳动者所掌握的与岗位相关的知识、所取得的学历证书及职业资格证书等。

3.工作经历，指劳动者工作过的用人单位、岗位、职务职级及曾经取得的工作成果等。

4.其他根据工作性质和岗位要求所必须了解的情况。

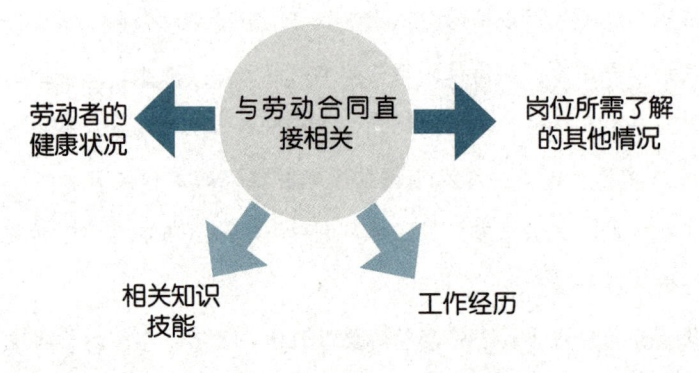

图 2-1　与劳动合同直接相关的四类基本情况

显然，注册会计师证属于与岗位相关的职业资格证书，求职者必须如实向企业说明。

同时，《劳动合同法》第二十六条规定，以欺诈、胁迫的手段或者乘人之危，使对方在违背真实意思的情况下订立或者变更劳动合同的，劳动合同无效或者部分无效。因此，李望与该企业签订的劳动合同可以视为无效。

既然劳动合同无效，那么该公司自然有权解除劳动关系，且无需支付经济补偿。

三、知识扩展

入职欺诈如何认定？有哪些法律后果？

劳动者未如实说明自身的一些情况，并不一定构成欺诈。只有未如实说明与劳动合同直接相关的基本情况，并导致用人单位做出订立劳动合同的意思表示，才构成欺诈。本案例中，李望并不符合录用要求，他在简历中虚构获得注册会计师证的事实，该企业基于他拥有注册会计师证的情况才录用他，并签订劳动合同。所以，他的行为已经构成了入职欺诈。

既然构成入职欺诈，那么李望与企业订立的劳动合同就是无效的。李望可能面临以下法律后果：一是企业可以单方解除劳动合同，且无需支付经济补偿金；二是如果李望在试用期给该企业造成损失，应当承担相应赔偿责任。

但需要注意的是，虽然劳动合同无效，但劳动者已付出了劳动，企业应当向其支付报酬。相关法律只是惩罚欺诈所得，对于劳动者已经付出的劳动是保护的。同时，根据事实劳动关系，企业还需为劳动者缴纳社会保险，如果发生工伤，应依照《工伤保险条例》做出补偿。

四、法条链接

《中华人民共和国劳动合同法》

第八条　用人单位招用劳动者时，应当如实告知劳动者工作内容、工作条件、工作地点、职业危害、安全生产状况、劳动报酬，以及劳动者要求了解的其他情况；用人单位有权了解劳动者与劳动合同直接相关的基本情况，劳动者应当如实说明。

第二十六条　下列劳动合同无效或者部分无效：

（一）以欺诈、胁迫的手段或者乘人之危，使对方在违背真实意思的情况下订立或者变更劳动合同的；

（二）用人单位免除自己的法定责任、排除劳动者权利的；

（三）违反法律、行政法规强制性规定的。

对劳动合同的无效或者部分无效有争议的，由劳动争议仲裁机构或者人民法院确认。

五、普法提示

只要是谎言，终有一天会被识破。因此，职场人可以美化简历，但是必须做到诚信，避免有意或无意的简历造假。具体来说，应从以下几个方面做到诚信：

1.提供的个人简历和证件复印件要真实、无误、绝无欺诈成分。

2.个人身体健康存在问题或患有某种疾病，不宜从事相关岗位的情况，不得隐瞒。

3.确实掌握与岗位相关的知识，并拥有所需的学历证书及职业资格证书等。

4.工作过的用人单位、岗位、职务职级及曾经取得的工作成果等真实无误。

5.不得隐瞒在前公司的任何违规行为或受到的任何不良处分。

6.不得隐瞒在其他企业兼任或任职，设立含本人股份在内的公司，直接、间接或变相经营与公司相同的业务等情况。

第二节　什么样的合同受法律保护

从法律角度来说，劳动合同是用人单位与劳动者确立劳动关系、明确双方权利义务的协议，是双方维护自身合法权益的书面法律凭证。作为员工，初入职场所面临的第一个问题就是与用人单位签订劳动合同。

那么，劳动合同该如何签、什么时候签，面对如此繁多的劳动合同条款，如何确定其具有合法性、有效性，让它成为自己的"保护符"呢？

一、案例

2022年11月1日，谢鑫入职某科技公司担任研发部经理，签订了为期五年的劳动合同,试用期三个月。因为之前该公司并没有这个岗位,薪酬制度中也并没有关于研发部经理薪酬的规定。于是,该公司老板、人事负责人与谢鑫签订劳动合同时,没有约定劳动报酬一项,只是口头说根据研发成果、部门绩效而定。

之后,该公司每月按照研发部的绩效支付谢鑫工资报酬,可半年后,老板对谢鑫的研发能力和管理能力不满意,想要与其解除劳动合同。谢鑫不愿意与公司协商解决。于是,该公司人事经理表示,在公司与谢鑫的劳动合同中,并没有规定劳动报酬,这一条是法律所规定的必备条款,因此,这份合同是无效的。公司想要终止劳动关系,只需提前30天通知即可,无需与谢鑫进行协商。最终,该公司单方面与谢鑫解除劳动关系,谢鑫非常不服,遂向劳动仲裁委员会投诉,要求该公司继续履行劳动合同。

经调查,劳动仲裁委员会认为谢鑫与该公司签订劳动合同时虽然没有就劳动报酬进行明确规定,但是,这份劳动合同本身确实是出于意思表示一致而订立的,并没有其他违反法律法规的条款。因此,根据法律规定该劳动合同是有效的,该公司并不能随意解除劳动合同,因此裁定该公司应继续履行劳动合同,还应该就劳动报酬问题与谢鑫协商一致并写入合同里。

二、法理分析

劳动合同的签订应该是用人单位和员工都关心、关注的问题,不管对于谁来说,订立劳动合同时,其时间、种类与效力都是尤为重要的。

根据法律规定,只要双方建立劳动关系,就应当订立书面劳动合同;如果已建立劳动关系,未同时订立书面劳动合同,应当自用工之日起1个月内订立书面劳动合同。

想要合同受到法律保护,我们需要保证劳动合同有法律效力,在订立劳动合同时注意以下几点（如图2-2所示）。

1.确保主体合法，即用人单位和劳动者都需符合主体资格；

2.确保内容合法，即劳动合同的内容应符合相关法律法规的规定；

3.确保程序合法，即合同应是双方平等协商一致订立的，双方都必须签字或者盖章。

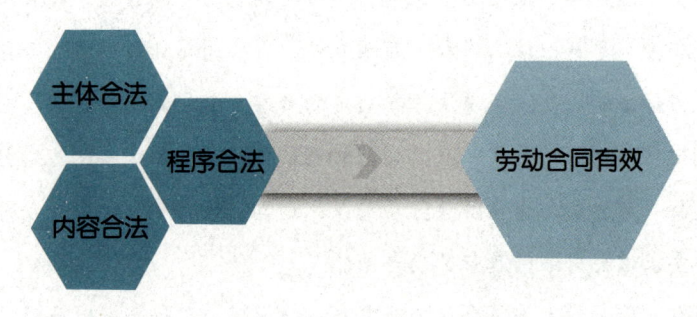

图 2-2　劳动合同有效的三个条件

同时，《劳动合同法》规定了劳动合同的必备条款，详见后页《劳动合同法》第十七条。

那么，是不是劳动合同中缺乏必须条款，就意味着无效呢？并非如此。

虽然《劳动合同法》明确规定了劳动合同应当具备的条款，尤其是工作岗位和薪酬，不仅是必备条款，而且是极为重要的条款，但是，法律并没有明确规定没有必备条款的劳动合同是无效的。换句话说，必备条款的缺乏并不能直接导致劳动合同的无效，只要劳动合同是双方意思一致的表示，且没有违反法律法规的条款，那么就是有效。

因此，本案例中，该公司以劳动合同中没有规定具体薪酬待遇为由主张劳动合同无效的行为是不合理，其单方面解除劳动关系的行为是违法的。如果该公司拒绝继续履行与谢鑫的劳动合同，将面临经济赔偿的处罚。

三、知识扩展

什么情况下劳动合同无效或部分无效？

无效的劳动合同是指不具备法律效力的劳动合同。无效的劳动合同，从订立的时候起，就没有法律约束力。确认劳动合同部分无效的，如果不影响其余部分的效力，其余部分仍然有效。

劳动合同无效，可以分为全部无效或部分无效，而导致劳动合同无效的情况有很多种，根据《劳动合同法》第二十六条规定，包括以下几个方面：

1.以欺诈、胁迫的手段或者乘人之危，使对方在违背真实意思的情况下订立或者变更劳动合同的；

2.用人单位免除自己的法定责任、排除劳动者权利的；

3.违反法律、行政法规强制性规定的。

对劳动合同的无效或者部分无效有争议的，由劳动争议仲裁机构或者人民法院确认。

需要注意的是，劳动合同是无效还是部分无效，不能由用人单位或劳动者单方面确定，而应当由劳动争议仲裁机构或者人民法院确认。根据法律规定，如果因为用人单位或劳动者的过错，导致劳动合同无效，给对方造成一定损害，那么有过错的一方应当承担赔偿责任。劳动合同被认定为无效，不管用人单位是否有过错，都需要向员工支付劳动报酬，不能以此为理由拒绝支付劳动报酬。

四、法条链接

《中华人民共和国劳动合同法》

第十七条　劳动合同应当具备以下条款：

（一）用人单位的名称、住所和法定代表人或者主要负责人；

（二）劳动者的姓名、住址和居民身份证或者其他有效身份证件号码；

（三）劳动合同期限；

（四）工作内容和工作地点；

（五）工作时间和休息休假；

（六）劳动报酬；

（七）社会保险；

（八）劳动保护、劳动条件和职业危害防护；

（九）法律、法规规定应当纳入劳动合同的其他事项。

劳动合同除前款规定的必备条款外，用人单位与劳动者可以约定试用期、培训、保守秘密、补充保险和福利待遇等其他事项。

《中华人民共和国劳动法》

第十八条 下列劳动合同无效：

（一）违反法律、行政法规的劳动合同；

（二）采取欺诈、威胁等手段订立的劳动合同。

无效的劳动合同，从订立的时候起，就没有法律约束力。确认劳动合同部分无效的，如果不影响其余部分的效力，其余部分仍然有效。

劳动合同的无效，由劳动争议仲裁委员会或者人民法院确认。

五、普法提示

劳动合同是劳动者和企业明确劳动关系，维护自身合法权益的法律凭证。在入职时，员工需要保持警惕，尤其是签订劳动合同时，千万注意以下几个事项（如图2-3所示）。

（一）一定要及时与用人单位签订劳动合同。

劳动者必须及时与用人单位签订书面劳动合同，并且保证手上留有一份劳动合同。如果用人单位不愿意签订劳动合同，或要求试用期之后再签订劳动合同，劳动者一定要拿起法律武器维护自己的权益。

（二）一定要注意劳动合同主体。

签订合同时，一定要注意劳动合同的主体，确定公章是否与公司名称一致、公司名称是否与登记信息一致、法定代表人身份是否与登记信息一致，避免劳动关系变成劳务关系，避免劳动合同无效。

（三）一定要注意劳动用工形式和工时制度。

签订合同时，一定要注意自己是何种用工形式，采取标准工时制度、不定时工作制还是综合计算工时工作制。不同的用工形式和工时制度，直接关系到你的工作时间、薪酬待遇以及解除劳动合同的赔偿问题。

（四）一定要注意条款的合法性和有效性。

签订劳动合同时，一定要注意劳动合同中是否有违法的条款，这些条款都关系到劳动合同是否有效。同时要注意是否有收取各种费用、证件质押的条款，如果有的话，一定要拒绝，或者直接向当地劳动行政部门投诉。

01 及时签订劳动合同	02 注意劳动合同主体
03 注意用工形式和工时	04 注意条款是否合法有效

图 2-3　入职时的四个注意事项

第三节　入职时间怎么算

对于企业员工来说，入职时间是非常重要的，直接关系到工龄、福利待遇以及解除劳动合同的经济补偿等。事实上，很多员工与企业就入职时间产生了争议，员工认为第一天上班的时间就是入职时间，而企业则认为转正的第一天才算是正式的入职时间。那么，入职时间应该怎样算呢？

一、案例

小聪是一位在校大学生，2020年9月升入大学四年级，为积累工作经验、提升专业能力，来到某贸易公司实习。一年后，因小聪专业素养不错，平时工作认真、踏实肯干，毕业后直接被该公司录取为正式员工。

2023年9月，该贸易公司因受环境影响，业务情况并不乐观。于是，老板决定调整经营思路，裁掉部分人员。小聪虽工作表现不错，但因所在岗位被撤掉，面临着裁员和调岗两个选择。对于新岗位，小聪并不太感兴趣，认为它与自己专业和职场愿景相差甚远，便选择前者。

于是，该公司解除与小聪的劳动关系，并根据其工龄给予一定经济赔偿。但双方在赔偿金的问题上产生争议，其争议的焦点就是入职时间。小聪认为2020年9月15日，自己正式到该公司上班的这个日期就是入职时间。而该公司认为，小聪是2021年7月20日转为正式员工，并签订劳动合同，这一天为其入职时间。之前，小聪虽然在本公司工作，但实为实习和兼职，其主要目的是学习。同时，当时小聪的身份是在校大学生，双方并未签订劳动合同，也未建立正式的劳动关系。

双方无法协商一致。之后，小聪先后申请劳动仲裁并提起诉讼。

二、法理分析

小聪与该贸易公司谁的主张合理呢？

在满足劳动关系认定标准的情况下，在校大学生能够与企业建立劳动关系。其法律根据是《中华人民共和国劳动法》第十五条，该法条规定：禁止用人单位招用未满十六周岁的未成年人。文艺、体育和特种工艺单位招用未满十六周岁的未成年人，必须依照国家有关规定，履行审批手续，并保障其接受义务教育的权利。小聪已年满十八周岁，已符合与企业建立劳动关系的年龄条件。

但是，并非所有在校大学生的用工关系都应认定为劳动关系。《关于贯彻执行〈中华人民共和国劳动法〉若干问题的意见》第十二条规定：在校生利用业余时间勤工助学，不视为就业，未建立劳动关系，可以不签订劳动合同。

在校大学生实习分为两种类型：一是以学习为目的，到相关单位参加社会实践，没有工资，不存在由实习生与单位签订劳动合同，并明确岗位、报酬、福利待遇等情形；二是有工资，但不签订劳动合同，未参与缴纳社保。不管是哪一种，都不认定为劳动关系，后者应确定劳务关系（如图2-4所示）。

因此，人民法院支持该贸易公司的主张，认定小聪与该公司自2020年7月20日签订劳动合同起，建立劳动关系。该贸易公司对小聪进行裁员，需要支付经济补偿。根据《劳动合同法》第四十七条规定，经济补偿按劳动者在本单位工作的年限，每满一年支付一个月工资的标准向劳动者支付。小聪在该公司工作满两年，而不是他自己所主张的三年，因此该公司需支付的经济补偿为两个月工资。

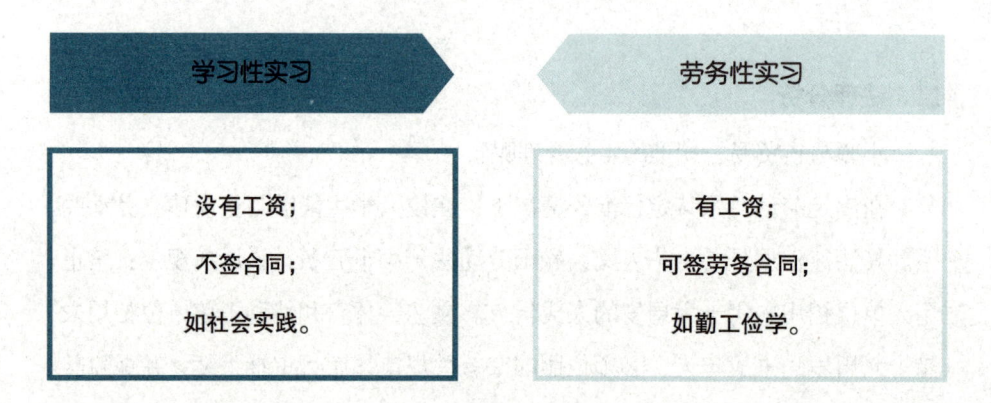

学习性实习	劳务性实习
没有工资； 不签合同； 如社会实践。	有工资； 可签劳务合同； 如勤工俭学。

图 2-4　在校学生实习的两种类型

三、知识扩展

毕业后的实习，是否构成劳动关系？

答案是肯定的。

实习，除了在校大学生实习外，还有毕业生实习。后者属于就业实习，在这种实习中，企业必须与实习人员签订劳动合同，确定劳动关系。比如，律师、医生等专业毕业的人才，需要进行一定的专业训练，到相关单位进行实习，其目的是就业，用人单位应当自用工之日起，与劳动者签订劳动合同，确定劳动关系。而对于未毕业的学生，不论是短期实习、勤工俭学还是见习，都不宜视为双方存在劳动关系。

换句话说，在这种情况下实习员工正式上班那一天，就是其入职时间，入职即与单位建立劳动关系。即便双方未签订劳动合同，或者签订时间与入职时间不一致，劳动关系建立时间也要以劳动者实际入职时间为准。

四、法条链接

《中华人民共和国合同法》

第四十七条 经济补偿按劳动者在本单位工作的年限，每满一年支付一个月工资的标准向劳动者支付。六个月以上不满一年的，按一年计算；不满六个月的，向劳动者支付半个月工资的经济补偿。

《关于贯彻执行〈中华人民共和国劳动法〉若干问题的意见》

第十二条 在校生利用业余时间勤工助学，不视为就业，未建立劳动关系，可以不签订劳动合同。

五、普法提示

对于员工来说，入职登记表或入职申请表是非常重要的。入职时，必须签订入职登记表或入职申请表，且保证信息内容的详细具体、真实有效。如果用人单位不签订劳动合同，那么入职登记表或入职申请表，便是员工与其建立事实劳动关系的重要凭证。

在校大学生在用人单位实习或兼职，形成劳务关系时，也需要注意保证自己的合法权益，要求企业支付劳动报酬。如果企业拒不支付，也应当利用法律来保护自己。需要注意的是，你可以以劳动者的身份维护自己合法权益，但是维权必须符合法律规定。更何况，通过仲裁、诉讼来维权，成功或失败都有可能，必须理性对待，切不可过于偏激地做出违法的事情。

第四节　试用期"安全着陆"

试用期，是员工入职用人单位的必经过程，是双方进行适用、考量的一个阶段。在这个过程中，员工会对用人单位的用工标准、工作环境、经营理念、企业文化等进行考量和适应；而用人单位则会对员工的工作能力、身体状况、适应能力以及道德品质进行考核与观察，同时对员工进行岗位和技能培训。一旦发现对方不适合自己，或者存在某些问题，便可以选择解除劳动关系。当然，考核与选择都是双向的，也是基于自愿的。

然而，对于用人单位来说，员工毕竟属于弱势的一方，在试用期可能遇到合法权益被侵害的情况，比如不签订劳动合同、随意被辞退、试用期延长等。那么，员工如何才能维护自身权益，实现试用期的"安全着陆"呢？

一、案例

2023年3月10日，经过初试、复试和面试，李梅进入某电子公司产品部，担任产品经理助理。双方签订为期三年的劳动合同，合同约定李梅的薪资待遇为每月5000元，试用期为三个月，试用期薪资待遇为正式工资的80%。同时，公司与李梅签订试用期面谈协议，规定试用期内由人事部门对员工进行培训与考核，员工只有通过试用期的考核，才能转正；如员工出现品性不良、无故旷工、出现重大失误等情况，公司可以随时解除劳动关系。

为了获得这份自己很满意的工作，李梅很是努力，工作积极认真，按时完成产品经理交代的任务，同时遇到不了解的问题及时向上司与同事请教，及时恶补专业知识。在李梅看来，自己是能胜任这份工作的，因为曾多次受到上司赞扬。可是，2023年6月5日，李梅试用期结束前几天，公司人事主管找她谈话，告知她在工作方面表现欠佳，能力与公司发展不匹配，未能通过产品经理与人事经理的考核，公司决定与其解除劳动关系。

李梅不服，认为公司以自己试用期工作不合格为由解除劳动关系是不合理的，于是申请劳动仲裁。仲裁委员会经调查认为，员工在试用期不满足录用条件，公司可以解除劳动合同，即不予转正，给予辞退。不过，是否满足录用条件并非只由用人单位说了算，还应该符合法律规定，且用人单位必须证明劳动者不满足录用条件。本案例中，该公司只是约定"通过考核，才能转正"，并未明确考核标准、考核内容，其考核结果也具有主观性，因此该公司所说的"不满足录用条件"是不成立的。

因此，劳动仲裁委员会认定该公司违法解除劳动关系，应恢复与李梅的劳动关系或支付违法解除劳动合同赔偿金。

二、法理分析

很多企业在试用期大做文章，随意辞退试用期内的员工，或者在员工试用期的最后一天，以各种理由与其解除劳动合同，以便谋求更多的利益。可事实上，在没有明确考核体系标准和考核内容形式的情况下，直接以不满足录用条件为由，或者以迟到、请假等为由，与试用期内员工解除劳动关系的行为是违法的。

《劳动合同法》规定，用人单位在试用期内解除劳动合同，有以下三种情形：劳动者不满足录用条件；过失性解除；非过失性解除。也就是说，在试用期内，如果劳动者不满足用人单位的录用条件，或未达到合同中所约定的业绩，用人单位是可以按照法定程序来解除劳动合同的。

其重点是，是否符合录用条件必须有严格的标准，必须符合相关法律规定。用人单位需要明确岗位职责、考核制度、考核方式、考核内容，同时履行告知义务，让被考核员工知晓、确认签字。考核时，考核机制要明确、客观、公正，考核结果要真实、有效、公正。

同时，用人单位必须证明已经向劳动者告知录用条件，并提供证据证明其在试用期确实存在不满足录用条件的情形。常见的不满足录用条件的情形，主要有以下几种：

1.劳动者违反诚信原则，提供虚假学历证书、虚假身份证等个人重要证件，或对个人履历、技能、业绩、健康等情况弄虚作假。

2.工作存在重大失误，或多次、严重违反用人单位的相关规章制度。

3.不符合合同中约定的考核内容、不符合录用条件。

本案例中，该公司虽然明确告知李梅"试用期内，需要对其工作能力进行考核，如若考核不合格，不予转正"，但是并未明确考核制度、考核方式、考核内容，且其考核结果具有一定主观性，不足以证明李梅不符合录用条件。同时，李梅并未存在工作重大失误，未违反公司的相关规章制度。因此，该公司单方面解除劳动合同的行为是违法的，劳动仲裁委员会的判定是合理的。

三、知识扩展

试用期的入职员工需要注意哪些问题？

用人单位与劳动者签订劳动合同，不意味着就最终录用员工了。试用期是过渡环节，也是相互选择的环节。但终究员工是劣势、被动的一方，需要在试用期注意以下问题，避免合法权益被侵害（如图2-5所示）。

（一）单独签订试用期合同，是违法的。

有的用人单位在试用期不与员工签订正式的劳动合同，只签订试用期合同，并标明试用期内，公司有单方面解除劳动合同的权利。这种做法是违法的。我国现行法律规定，用人单位没有与劳动者签订劳动合同但具有事实劳动关系的，其劳动关系受到法律的保护。法律还规定，只签订试用期合同而不签订劳动合同的，试用期不成立。

根据法律规定，只要用人单位与劳动者建立了劳动关系，就应该签订劳动合同。因此，员工入职时，一定要提升法律意识，拒绝单独签订试用期合同。

（二）单方面延长试用期，是违法的。

很多企业随意约定员工的试用期，比如签订一年劳动合同，约定三个月试用期；签订三年劳动合同，约定六个月试用期，这是违法的。《劳动合同法》规定，劳动合同期限三个月以上不满一年的，试用期不得超过一个月；劳动合同期限一年以上不满三年的，试用期不得超过二个月；三年以上固定期限和无固定期限的劳动合同，试用期不得超过六个月。

同时，如果合同约定一个月试用期，试用期满后，以考核不合格为由，单方面延长试用期，也是违法的。因为同一用人单位与同一劳动者只能约定一次试用期。不经过双方协商一致，任何人不准随意延长或缩短试用期。

（三）试用期不支付或少支付工资，是违法的。

用人单位在试用期内不支付或少支付员工工资，违反了《劳动合同法》第二十条的规定，属于违法行为。《劳动合同法》规定，试用期工资不得低于正式工资的百分之八十。

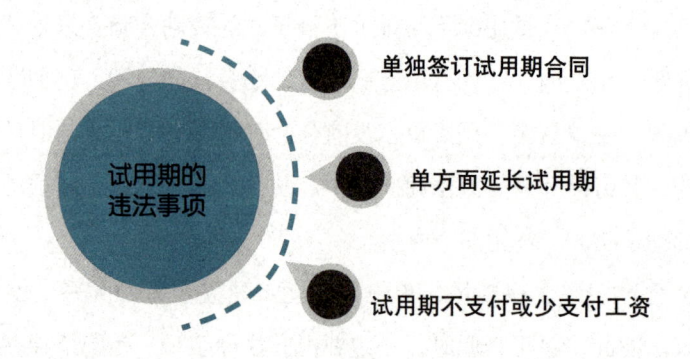

图 2-5　试用期的三个违法事项

四、法条链接

《中华人民共和国劳动合同法》

第十九条　劳动合同期限三个月以上不满一年的，试用期不得超过一个月；劳动合同期限一年以上不满三年的，试用期不得超过二个月；三年以上固定期限和无固定期限的劳动合同，试用期不得超过六个月。

同一用人单位与同一劳动者只能约定一次试用期。

以完成一定工作任务为期限的劳动合同或者劳动合同期限不满三个月的，不得约定试用期。

试用期包含在劳动合同期限内。劳动合同仅约定试用期的，试用期不成立，该期限为劳动合同期限。

第二十条　劳动者在试用期的工资不得低于本单位相同岗位最低档工资或者劳动合同约定工资的百分之八十，并不得低于用人单位所在地的最低工资标准。

五、普法提示

在试用期内，用人单位会对新员工的工作能力、适应能力、人际交往能力等进行考核，所以，员工必须谨慎、用心和努力，务必迅速熟悉工作，提升业务水平，并遵守相关规章制度。

需要注意的是，试用期员工虽未转正，但是应享受与正式员工相同的福利待遇，包括社会保险、工伤赔偿、带薪休假等。一些用人单位在试用期内不给员工缴纳社会保险是违法的，侵害了员工的合法权益。

员工在试用期内，可以在提前告知的情况下，选择离职。如果员工接受了岗位培训，辞职时，用人单位不得要求其支付培训费，否则就是违法的。但是，试用期满后，在劳动合同期内，劳动者要求解除劳动关系，用人单位可以要求其支付培训费。因此，我们需要提升法律意识，既保护个人合法权益，又不侵害用人单位合法权益。

第五节　不法企业常用的入职套路

收到一个心仪的offer或许会让你兴奋不已，期待着在职场上大展身手。但是，有时你的希望会落空，因为一些不法企业会利用年轻人，尤其是刚毕业的大学生不懂法或法律意识不强的弱点，设置一些套路或陷阱，非法牟取经济利益。

因此，作为打工人来说，一定要增强法律意识，保持警惕，谨防入职时用人单位的各种套路与陷阱。

一、案例

林洋是刚大学毕业的一名职场"菜鸟"，通过投简历、面试、复试找到了一份心仪的工作。报到第一天，林洋与公司人事部门签订劳动合同，人事专员介绍工作岗位、薪酬待遇、社会保险等基本情况后便让他在最后一页签字。林洋查看之后发现，合同上只填写了工作岗位，而薪酬待遇、工作时间等处都是空白的。

询问后，人事专员介绍说："劳动合同需要员工先签字，然后由公司人事部门与相关部门统一填写详细信息并盖章。你放心，等公司填写完毕、盖章完成之后，会通知你拿回自己的合同。"

因为这家公司在业界也算是有些名声的新起之秀，林洋也不担心自己被骗，便痛快地在劳动合同上签了字。可林洋的试用期将近尾声时，人事部门仍没有将盖章完毕的劳动合同交给他。这时，林洋不免有些担忧，自己虽然签了合同，但是对于具体薪酬是多少、工作时间是多长、保险福利是怎样等情况都不明确知晓。公司会不会让自己转正呢？当初承诺的工资和待遇是不是写入了劳动合同呢？

心怀忐忑的林洋找到人事部门，要求拿回自己的劳动合同，可是人事专员总是找理由推迟。无奈，林洋只好向学习法律的朋友咨询，却被告知自己可能掉入了该公司的套路——签订空白合同，不拿回劳动合同，是具有很大法律风险的。他需要尽快向人事部门要回劳动合同，否则之后发生劳动纠纷，可能无法维护自身合法权益。

二、法理分析

本案例中，该公司与员工签订空白合同是违法的，因为根据《劳动合同法》的规定，空白劳动合同无效。

空白合同，是签订劳动合同时法律规定的必备内容不事先填写，只让员工在签名处签名的合同，用人单位往往也不会将劳动合同交付给劳动者。这样的合同对于劳动者很不利，用人单位想怎么填就怎么填，一旦发生劳动纠纷，劳动者便无法维护自身合法权益。

如果有公司要求你签订空白合同，一定要拒绝签字。若是已经签订空白合同，只要保留好能证明空白劳动合同存在的证据，便可以要求公司支付双倍工资。因为根据《劳动合同法》规定，用人单位自用工之日起超过一个月不满一年未与劳动者订立书面劳动合同的，应当向劳动者每月支付两倍的工资。空白合同是无效的，相当于用人单位与员工未签订劳动合同。

同时，该公司拒绝将劳动合同交给林洋的做法也是违法的。根据相关法律规定，劳动合同应该一式两份，用人单位一份，劳动者一份。劳动合同上必须有公司的盖章，至于在已经盖章的前提下，法定代表人是否签字，并不影响合同的效力。但是，如果只有签字，没有盖章，就需要弄明白是否是公司法定代表人签字。如果是其他人签字，合同将没有法律效力。

因此，如果该公司仍拒绝给林洋劳动合同，林洋可以向劳动仲裁委员会申请仲裁。

三、知识扩展

企业有哪些常用的其他入职套路？

从上面案例可以看出，某些用人单位就是利用劳动者与用人单位地位的不对等，有意地设置一些圈套。事实上，劳动者只要提高警惕，在面试、录用通知、签订劳动合同等环节便可以发现一些端倪，识别其中的陷阱与套路。

下面我们来了解一些企业常用的其他入职套路（如图2-6所示）。

（一）发offer之后，撤回或表示入职时间推后。

一些公司给面试者发offer后，可能会因为某些原因，比如找到更合适的人选，或者招聘岗位发生变化，而通知面试者撤回offer或表示入职时间要推后，具体日期等通知。面对这种情况，应该怎么办呢？

其实，公司的offer是有法律效力的要约，根据《民法典》规定，受要约人有理由认为要约是不可撤销的，且已经为履行合同做了准备工作的，要约不得撤销。也就是说，如果应聘者为了签订劳动合同，已经做了准备工作，比如辞掉原本工作，或推掉其他offer，这份要约就不能撤销了。如果要撤销，必须承担因此给应聘者带来的经济损失。

如果公司推迟入职时间，想用拖延的方式让应聘者主动放弃，应聘者可以保留证据，比如尽量让公司发送纸质的offer，或发送电子邮件，或在电话咨询时进行录音。只要有充分证据，就可以维护自身合法权益。

（二）要求劳动者缴纳入职押金、保证金或用身份证等提供担保。

前面我们已经提到这种情况，事实上，在实践中，类似情形并不在少数。一些用人单位会要求员工留下身份证办理宿舍入住手续，规定员工工作满一年才能拿回身份证，或者要求员工缴纳入职押金，等转正或离职时再返还。

这些行为都是违法的。如果发现有要收取各种押金、扣押身份证等证件的公司，我们可以直接判定是骗子公司，或者是不正规的公司，一定要拒绝和远离，避免自身人身和财产安全受到危害。

（三）薪资待遇模糊不清。

薪酬待遇，是入职时要协商的必备项。即便面试时，求职者已经与人事专员、部门主管谈好工资、保险、福利等条件，也需要在签订劳动合同时明确，并在劳动合同中写明。员工需要弄清楚用人单位提出工资数额的含义，是税前还是税后，是否包括社保、公积金，以及薪资待遇由哪些部分构成。

比如，莉莉是某设计公司的设计主管，因为原公司未提供与她业绩对等的回报，便毅然跳槽到一家新的设计公司，约定工资几乎翻倍。可是等她到新公司报到、签订劳动合同时，却发现合同上的工资比之前谈好的低很多。对此，人事经理表示之前谈好的工资包括车补、饭补、年假、旅游等各种福利以及业务提成，而合同上的数额为基本工资。莉莉这才意识到自己掉入了该公司的套路。

（四）入职前，签订《承诺书》。

很多用人单位在员工入职前要求其签订《承诺书》，其内容大概是"如因本人不能胜任工作而解除合同，本人认可""本人拒绝用人单位为本人缴纳社会保险，社会保险以现金形式发放""试用期满后，劳动合同履行期间因为不能胜任本职工作导致公司与本人解除劳动关系的，由公司参照本人实际工作期限给予最多不超过本人一个月税前工资的补偿（仅包括基本工资、岗位工资及津贴），并且本人同意不再就劳动关系解除及社会保险、公积金等各项内容向公司主张任何权利""因自身原因导致工伤，公司概不负责"……

从法律角度来说，这些《承诺书》是无效的。如果用人单位以此为由解除与劳动者的合同，将承担相应法律责任。因为这些内容要求劳动者放弃自身权利，属于免除自身法定责任、排除劳动者权利，违反了《劳动合同法》第二十六条规定。

虽然发生劳动纠纷时，劳动仲裁委员会和人民法院倾向于支持劳动者主张，但是劳动者入职时也要谨慎小心，拒绝签订类似的《承诺书》，避免给自己招来麻烦。

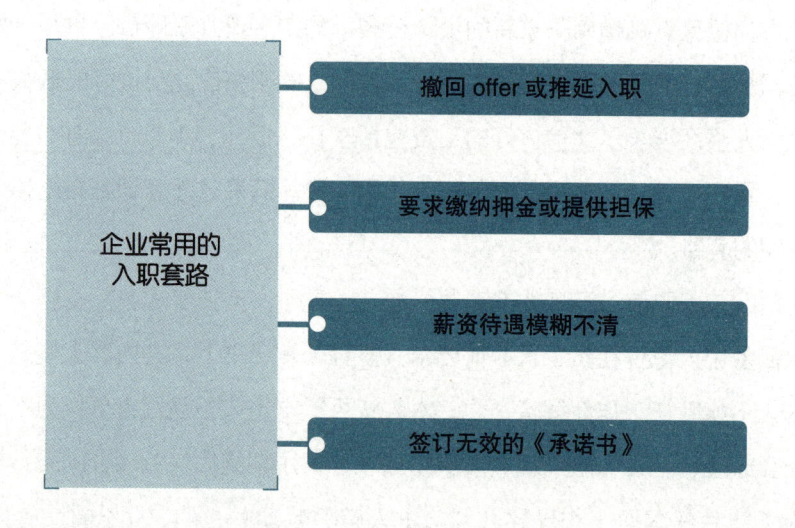

```
企业常用的入职套路
├── 撤回 offer 或推延入职
├── 要求缴纳押金或提供担保
├── 薪资待遇模糊不清
└── 签订无效的《承诺书》
```

图 2-6　企业常用的四种入职套路

四、法条链接

《中华人民共和国劳动合同法》

第九条　用人单位招用劳动者，不得扣押劳动者的居民身份证和其他证件，不得要求劳动者提供担保或者以其他名义向劳动者收取财物。

《中华人民共和国民法典》

第四百七十六条　要约可以撤销，但是有下列情形之一的除外：

（一）要约人以确定承诺期限或者其他形式明示要约不可撤销；

（二）受要约人有理由认为要约是不可撤销的，并已经为履行合同做了合理准备工作。

五、普法提示

我们仅仅列举了以上几种常见的套路，现实生活中那些明显或隐藏的套路与陷阱还有很多。因此，劳动者在选择用人单位、签订劳动合同时，一定要擦亮眼睛，保持头脑清醒，并做到以下几点：

1.了解《劳动法》《劳动合同法》相关法律规定，提升法律意识和风险防范意识。

2.从面试到入职，再到签订劳动合同，都关注用人单位所提供的相关内容和流程是否合规合法。

3.提高警惕性和敏锐性，通过用人单位透露的信息和其行为表现，判断其是否合规。

第三章

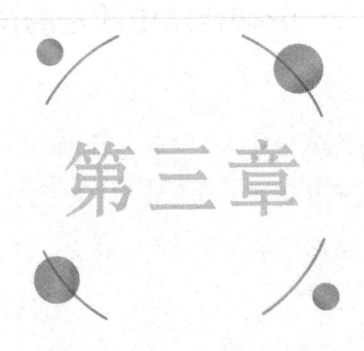

劳动合同是劳动者的护身符

对于劳动者来说，劳动合同如同护身符。劳动合同是员工与用人单位之间建立劳动关系的基础，它规定了双方的权利和义务，包括工资、工作时间、休假、社会保险等方面的内容。劳动合同可以保障员工的合法权益，为员工提供稳定的工作环境和良好的职业发展机会。因此职场人必须加深对劳动合同相关法律法规的了解，用好这个"护身符"。

第一节　劳动合同中约定的试用期

我们都知道，绝大部分企业为了考核、培训新员工，往往会安排一定期限的试用期。那么，是不是所有劳动合同都可以约定试用期？不管从事什么工作，员工都必须经历试用期这一阶段呢？其实，并非如此。

一、案例

吴峰在义乌地区经营自己的工艺品小作坊，平时在网络上销售工艺品，也接受小量的网络订单。由于吴峰手艺精湛，产品做工好，很受顾客的欢迎。后来，当地一家工艺品加工厂找到他，希望他能与工厂签订劳动合同，带领并指导新员工完成一笔订单。

原来，该工艺品加工厂推出的一款带有国风元素的工艺品在国外受到欢迎，拿到一笔大订单。可是，即便原有工人加班加点也无法按时交货，于是工厂老板决定临时聘用一批新员工，组成一条新的生产线。该批新员工手艺不算成熟，需要专业人员来带领和指导，而一位朋友推荐了吴峰。

很快，吴峰与该工厂签订劳动合同，约定吴峰带领并指导这批员工完成一份20000件的订单，月薪为20000元，试用期是为一个月，合同在订单交付时自动终止。吴峰本以为这项工作不难，但是该工厂招聘的这批员工技术参差不齐，有些人上手很慢，有些人生产的产品的不合格率较高，导致生产效率低下，在计划期限内可能完成不了订单。

吴峰向该工厂老板反映问题，老板却认为是吴峰不能胜任工作，决定在试用期内解除劳动合同。吴峰不服，认为自己已经尽心尽力，责任不在自己，不同意解除劳动合同。

那么，该工厂老板的做法合法吗？

二、法理分析

与其说本案例中的重点在于试用期内该工厂是否可以单方面解除劳动合同，不如说是其与吴峰约定的试用期是否合法合理。

事实上，本案例中的这种情形是不可以约定试用期的。因为《劳动合同法》第十九条规定：以完成一定工作任务为期限的劳动合同或者劳动合同期限不满三个月的，不得约定试用期。

该案例中，该工艺品加工厂与吴峰签订劳动合同，约定吴峰带领并指导员工完成一批订单，订单交付后合同自动解除，属于"以完成一定工作任务为期限的劳动合同"，依法不能约定试用期。所以，劳动合同中的试用期条款是违法的。既然条款是违法的，那么该加工厂老板以试用期不胜任工作为由单方面解除劳动合同就是缺乏法律依据的，自然也是行不通的。

综上所述，该工厂老板可以与吴峰协商解除劳动合同，但是如果吴峰不同意解除劳动合同，则需要继续履行合同，或给予经济赔偿。

三、知识扩展

不得约定试用期的其他情形有哪些呢？

企业与劳动者约定试用期，主要是怕劳动者不能胜任工作，给企业带来麻烦和损失。但是，劳动者也应该知道，根据《劳动合同法》规定，并不是所有的劳动合同都可以约定试用期。除上述案例的情形外，还有以下几种情况企业也不得约定试用期（如图3-1所示）。

（一）劳动合同期限不满三个月，不得约定试用期。

（二）非全日制用工，不得约定试用期。

非全日制用工的劳动者是可以与多个用人单位签订非全日制用工合同的，所以《劳动合同法》第七十条规定，非全日制用工双方当事人不得约定试用期。

（三）离职员工再入职，不得约定试用期。

通常来说，劳动者在同一岗位只能约定一次试用期。如果劳动者离职了，之后觉得原单位工作环境还算不错，再次应聘上岗，且应聘的是原岗位，那么该公司不得再约定试用期。同样，公司与员工在劳动合同期满后续订劳动合同，也不能再次约定试用期。因为根据《劳动合同法》明确规定，同一用人单位只能和同一劳动者约定一次试用期。

不过，员工在同一公司调动岗位后是否可以约定试用期，并没有明确规定。

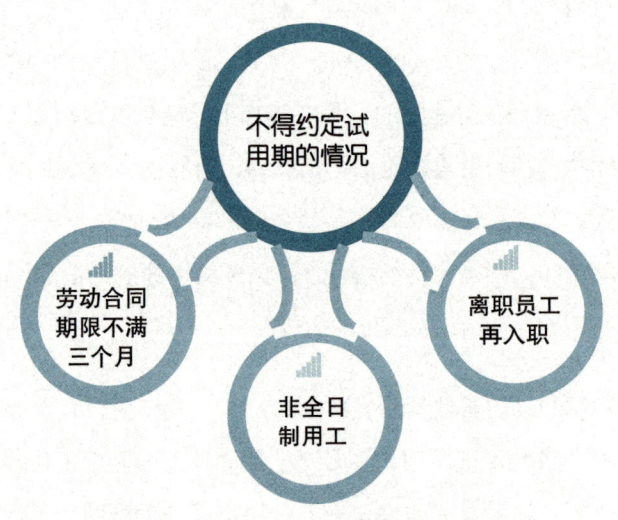

图 3-1 不得约定试用期的另外三种情况

四、法条链接

《中华人民共和国劳动合同法》

第十九条 ……同一用人单位与同一劳动者只能约定一次试用期。

以完成一定工作任务为期限的劳动合同或者劳动合同期限不满三个月的，不得约定试用期……

五、普法提示

我国法律规定，用人单位只有在初次招聘劳动者时才能约定试用期。但是在实际中，很多用人单位为谋取不法利益或利用应聘员工不懂法的情况，在劳动合同中随意约定试用期，或者不管签订什么劳动合同都约定试用期，进而侵犯劳动者合法权益。所以，作为劳动者应该提升法律意识，了解《劳动合同法》相关条款，保护自身合法权益。

第二节 无固定期限劳动合同

签订劳动合同的本质目的是保护劳动者和用人单位在工作和用工中的权利不受侵害。实际上，很多劳动者对于劳动合同有一定认知和了解，但是这种了解仅限于固定期限劳动合同，比如我们常说的期限为一年、两年、三年的劳动合同。这种劳动合同的期限是固定的，所以不管时间长短，劳动合同的起始和终止日期都是固定的。

除此之外，还有一种无固定期限劳动合同，即用人单位与劳动者约定无确定终止时间的劳动合同。那么，无固定期限劳动合同究竟是怎么回事呢？什么情况下员工可以与企业签订无固定期限劳动合同呢？

一、案例

2013年，王焕进入某饲料生产加工厂，担任机械维修工程师，期间因工作表现突出，多次升职加薪。2018年，王焕被委派到该加工厂的子公司担任车间机电维修主管，三年后又调回总公司，随后被提升为副总工程师。2023年4月，王焕与该工厂的劳动合同即将到期，于是提出了续签劳动合同的要求，该工厂领导表示同意，约定与王焕签订为期五年的劳动合同。

续签劳动合同前夕，王焕得知自己在该工厂的工作年限已满十年，可以要求签订无固定期限劳动合同，便向该工厂领导提出要求。可是，工厂领导拒绝了他的要求，理由是王焕中途被委派到子公司，进行了劳动合同变更，不符合签订无固定期限劳动合同的标准。

王焕对领导的决定表示不满，多次协商未果后，向当地劳动仲裁委员会提起劳动仲裁，要求公司与其签订无固定期限劳动合同。仲裁委员会经过审理，支持了王焕的仲裁请求。

二、法理分析

一般情况下，签订多长时间的合同由用人单位和劳动者双方协商一致而确定。王焕提出签订无固定期限劳动合同，该工厂不同意，协商不一致，看似很合理。但事实上，该工厂侵犯了王焕的合法权益。

根据《劳动合同法》第十四条规定，有下列情形之一，劳动者提出或者同意续订、订立劳动合同的，除劳动者提出订立固定期限劳动合同外，应当订立无固定期限劳动合同：

（一）劳动者在该用人单位连续工作满十年的；

（二）用人单位初次实行劳动合同制度或者国有企业改制重新订立劳

动合同时，劳动者在该用人单位连续工作满十年且距法定退休年龄不足十年的；

（三）连续订立二次固定期限劳动合同，且劳动者没有本法第三十九条和第四十条第一项、第二项规定的情形，续订劳动合同的。

显然，该案例中王焕的情况符合以上法律条款第一项、第三项的内容。虽然王焕被委派到子公司，且变更了劳动合同，但是仍视为在该工厂工作，因此，该公司领导以"中途被委派到子公司，进行了劳动合同变更"为由拒绝签订无固定期限劳动合同，是不合理的。也就是说，劳动仲裁委员会的判决是合理且合法的。

如果该工厂拒绝与王焕签订无固定期限劳动合同，根据《劳动合同法》第八十二条的规定，需要自应当订立无固定期限劳动合同之日起向劳动者每月支付两倍的工资。

三、知识扩展

无固定期限劳动合同等于"铁饭碗"？

有些劳动者把无固定期限劳动合同看作是自己的"永久护身符"，认为签了合同就等于有了"铁饭碗"，不管发生什么情况，用人单位都不能解除合同。事实上，这是错误的认知。

无固定期限不是没有终止时间，只是没有一个确切的终止时间罢了。无固定期限劳动合同也不等于不能解除的劳动合同，只要出现了某些法定情形或者双方协商一致，同样也能解除。如果劳动者严重违反用人单位的规章制度，或严重失职，营私舞弊，给用人单位造成重大损害，用人单位同样可以与员工解除劳动合同（如图3-2所示）。

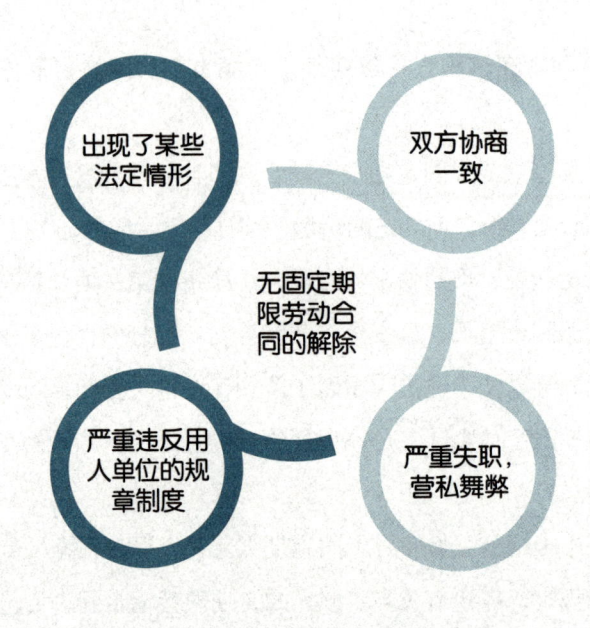

图 3-2　解除无固定期限劳动合同的四种情况

因此，员工要提升对无固定期限劳动合同的正确认识，不可将它看作是"铁饭碗"而千方百计去与企业签订无固定期限劳动合同，更不要签了合同后就为所欲为、肆无忌惮。

四、法条链接

《中华人民共和国劳动合同法》

第十四条　无固定期限劳动合同，是指用人单位与劳动者约定无确定终止时间的劳动合同。

用人单位与劳动者协商一致，可以订立无固定期限劳动合同。有下列情形之一，劳动者提出或者同意续订、订立劳动合同的，除劳动者提出订立固定期限劳动合同外，应当订立无固定期限劳动合同：

（一）劳动者在该用人单位连续工作满十年的；

（二）用人单位初次实行劳动合同制度或者国有企业改制重新订立劳

动合同时，劳动者在该用人单位连续工作满十年且距法定退休年龄不足十年的；

（三）连续订立二次固定期限劳动合同，且劳动者没有本法第三十九条和第四十条第一项、第二项规定的情形，续订劳动合同的。

用人单位自用工之日起满一年不与劳动者订立书面劳动合同的，视为用人单位与劳动者已订立无固定期限劳动合同。

《中华人民共和国劳动合同法实施条例》

第十一条　除劳动者与用人单位协商一致的情形外，劳动者依照劳动合同法第十四条第二款的规定，提出订立无固定期限劳动合同的，用人单位应当与其订立无固定期限劳动合同。对劳动合同的内容，双方应当按照合法、公平、平等自愿、协商一致、诚实信用的原则协商确定；对协商不一致的内容，依照劳动合同法第十八条的规定执行。

五、普法提示

对于劳动者来说，无固定期限劳动合同更有利于保障自己的利益。这意味着，劳动者可以长期在一个单位或部门工作，因为用人单位单方面解除劳动合同的概率大大降低了。如果出现经济性裁员，用人单位也会优先解聘签订固定期限劳动合同的员工，而留下签订了无固定期限劳动合同的员工。所以，如果你符合签订无固定期限劳动合同的条件，应及时与用人单位签订无固定期限的劳动合同。

需要注意的是，签订无固定期限劳动合同的员工一般需要在本单位连续工作十年以上，如果工作五年后，离职到新单位，之后再回到这个单位工作五年。虽然累计工作时间够十年，但是劳动关系有间断，也不符合签订无固定期限劳动合同的规定。

此外，用人单位自用工之日起满一年不与劳动者订立书面劳动合同的，视为用人单位与劳动者已订立无固定期限劳动合同。也就是说，如果员工于2023年5月11日正式入职，如果到2024年5月12日之后，用人单位仍不与其签订劳动合同，那么就视为双方已经签订无固定期限劳动合同。

第三节　不续签必须通知员工

固定期限的劳动合同到期，劳动者和用人单位可以选择与对方续签，也可以选择不与对方续签。那么，如果用人单位不续签劳动合同，也不通知员工终止劳动关系，员工该怎么办呢？

一、案例

2019年1月5日，张强入职某公司司机岗位一职，工作内容为负责公司相关人员用车需求，为公司运送器材、物料等。双方签订为期三年的劳动合同，约定每月薪资为5000元。2022年1月5日，张强的劳动合同到期，该公司并没有提出续签劳动合同，也没有通知与其解除劳动关系。由于张强不了解《劳动合同法》的相关规定，也没有提出续签劳动合同的要求，便继续工作下去。

一年后，张强因病住院时，却发现该公司自2022年1月5日起并未按时为其缴纳社会保险费用，导致医疗保险中断，不能报销医疗费用。张强找到公司，该公司却表示双方的劳动合同早已到期，劳动关系已经终止。虽然张强仍在给公司工作，公司也可以不为其缴纳社会保险。

二、法理分析

劳动合同到期后,用人单位既不与员工续签劳动合同,也不通知解除劳动关系,这种情况下,双方的劳动关系终止了吗?

答案是否定的。

虽然《劳动合同法》规定,劳动合同到期终止,但是这不意味着用人单位可以以此为由终止劳动关系,且不承担相应的法律责任。当劳动合同期限届满后,原劳动合同的效力即归于终止。如果用人单位选择不续约,则需要向劳动者支付经济补偿。如果劳动者仍然为用人单位提供劳动且用人单位未明确拒绝的,可视为双方均同意继续建立劳动关系(如图3-3所示)。

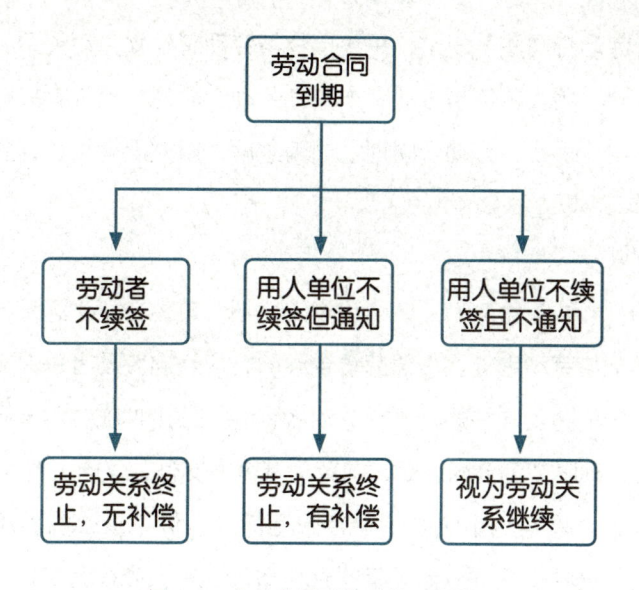

```
                    劳动合同到期
          ┌──────────────┼──────────────┐
     劳动者            用人单位不          用人单位不
     不续签            续签但通知          签且不通知
        │                 │                 │
     劳动关系终         劳动关系终         视为劳动关
     止,无补偿         止,有补偿         系继续
```

图3-3 劳动合同到期时的三种情况

同时,《最高人民法院关于审理劳动争议案件适用法律问题的解释(一)》第三十四条第一款规定:劳动合同期满后,劳动者仍在原用人单位工作,原用人单位未表示异议的,视为双方同意以原条件继续履行劳动合

同。一方提出终止劳动关系的,人民法院应予支持。

本案例中,张强的劳动合同到期,公司既没有与他续签,也没有终止劳动关系,并允许他继续工作下去,这可以视为双方均同意继续履行劳动合同,双方形成事实劳动关系。所以,该公司认为双方不存在劳动关系是错误的,未为张强缴纳社会保险的行为是违法的,张强可以向劳动仲裁委员会提起仲裁。

三、知识扩展

劳动合同期限届满,未续签合同,仍在公司工作的员工可以主张赔偿吗?

按照《劳动合同法》规定,用人单位与劳动者建立劳动关系必须订立书面的劳动合同。用人单位与劳动者未签订劳动合同的,员工有权向用人单位主张经济赔偿。那么,劳动合同期限届满之后,双方没有续签合同,仍在公司工作的员工可以主张赔偿吗?

当然可以。

《劳动合同法》第八十二条明确规定,用人单位自用工之日起超过一个月不满一年未与劳动者订立书面劳动合同的,应当向劳动者每月支付二倍的工资。用人单位违反本法规定不与劳动者订立无固定期限劳动合同的,自应当订立无固定期限劳动合同之日起向劳动者每月支付二倍的工资。

也就是说,本案例中张强劳动合同期满后,仍在该公司工作,但未续签劳动合同,这种情况下,如果工作时长超过一年,应视为签订无固定期限劳动合同。同时,张强有权要求该公司支付未签订劳动合同时的二倍工资的赔偿。

四、法条链接

《中华人民共和国劳动合同法》

第八十二条 用人单位自用工之日起超过一个月不满一年未与劳动者订立书面劳动合同的,应当向劳动者每月支付二倍的工资。

用人单位违反本法规定不与劳动者订立无固定期限劳动合同的,自应当订立无固定期限劳动合同之日起向劳动者每月支付二倍的工资。

《最高人民法院关于审理劳动争议案件适用法律问题的解释(一)》

第三十四条 劳动合同期满后,劳动者仍在原用人单位工作,原用人单位未表示异议的,视为双方同意以原条件继续履行劳动合同。一方提出终止劳动关系的,人民法院应予支持。

根据劳动合同法第十四条规定,用人单位应当与劳动者签订无固定期限劳动合同而未签订的,人民法院可以视为双方之间存在无固定期限劳动合同关系,并以原劳动合同确定双方的权利义务关系。

五、普法提示

劳动合同是维护劳动者合法权益的重要武器,是劳动者的"护身符"。所以,劳动者必须与用人单位签订书面的劳动合同。不管是建立新的劳动关系,还是延续原来的劳动关系,都必须签订劳动合同。

如果劳动合同即将到期,要主动与用人单位协商,或续签,或解除。如果用人单位既不续签,也不通知终止劳动关系,且默认你继续工作下去,就需要拿起法律武器维护自己的权益。

当然,劳动者不能因为相关法律规定"不签订劳动合同,可以要求支付二倍工资"就故意拖延。因为只有签订书面的劳动合同,才能有效地保护自身权益,否则即便获得赔偿,也将付出更多的时间、精力等成本。

第四节　倒签劳动合同不合法

什么是倒签劳动合同？

简单来说，就是员工入职后，用人单位不立即与其签订劳动合同，而是等员工工作一段时间后，或员工提出离职后，才与其签订书面劳动合同。一般来说，劳动合同上的日期往往是员工入职之前，或事实劳动关系成立一个月之内的日期，而不是实际签订劳动合同的日期。

在实务中，很多企业为了规避义务或避免支付两倍工资赔偿的法律责任，与劳动者倒签劳动合同。那么，这种在劳动合同上将时间倒签的情况是合法的吗？如果用人单位与劳动者协商一致，劳动者同意倒签，那么事后还可以申请劳动仲裁吗？

一、案例

2021年10月，陈冰在姐姐的介绍下，到姐姐朋友的公司做行政前台，每月工资为3500元，福利待遇按照公司统一标准计算。工作两年后，陈冰认为前台工作没什么前途，想跨专业考研，向财会方向发展，于是依法提出离职。

由于双方是经过陈冰姐姐介绍的，未签订劳动合同，该公司也没有给她缴纳社会保险。为避免日后发生劳动纠纷，姐姐朋友提出额外支付陈冰10000元作为补偿，但需要陈冰与该公司签订一份劳动合同。陈冰并没有多想，爽快地答应了她的要求，与该公司签订了一份生效时间为2021年10月8日到2023年10

月7日的劳动合同，即倒签了劳动合同。

可没多久，陈冰就后悔了，不顾姐姐的反对到劳动仲裁委员会申请仲裁，要求该公司支付工作期间未签书面劳动合同的两倍工资和经济补偿金。

二、法理分析

首先，我们需要明白，倒签劳动合同是不合法的。《劳动合同法》规定，用人单位应自用工之日起一个月内与劳动者签订书面劳动合同。用人单位不得为了规避义务而拖延或拒绝签订书面劳动合同。

同时，劳动合同上的签订日期必须为实际签订劳动合同的日期。如果合同上的签订日期与实际签订劳动合同的日期不相符，即在用工关系成立或结束之后，才与劳动者倒签书面劳动合同，便违反了《劳动合同法》的相关规定，需要承担迟延签订书面劳动合同的法律责任。

那么，本案例中陈冰主张该公司支付自2021年10月8日到2023年10月7日期间的未签订劳动合同的两倍工资和经济补偿是合理的吗？

根据《劳动合同法》规定，用人单位与员工建立劳动关系后，必须从实际用工之日起在一个月内签订书面劳动合同。如果在法定期限内未签订劳动合同，在一年内补签的，应从用工之日第二个月起向员工支付两倍的工资，最长支付时间为11个月；如果超过一年才补签，除支付11个月工资外，在员工同意下，应签订无固定期限劳动合同。

也就是说，本案例中该公司要求与陈冰倒签合同，陈冰有权要求其支付工作期间（扣除一个月订立书面劳动合同期限）的两倍工资差额。但是，陈冰是在协商一致的基础上进行倒签合同，且已经拿到该公司支付的额外补偿款，所以无权再要求其支付两倍工资了。

需要注意的是，补签劳动合同与倒签劳动合同是有差别的。补签劳动合同，是用人单位在用工关系成立后，与劳动者签订书面合同，合同签订日期为实际签订合同的日期。而倒签劳动合同，是用人单位在用工关系成立后或结束后，与劳动者签订书面合同，但是合同签订日期为用工关系成立之前或成立后的一个月之内（如图3-4所示）。

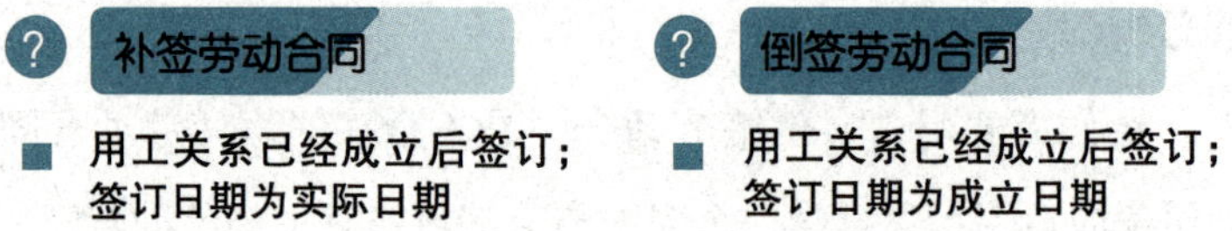

补签劳动合同
■ 用工关系已经成立后签订；签订日期为实际日期

倒签劳动合同
■ 用工关系已经成立后签订；签订日期为成立日期

图 3-4 补签与倒签劳动合同的异同

举例来说，陈冰于2022年2月15日与该单位建立劳动关系，该单位于2023年3月12日与其签订劳动合同。如果合同签订日期为2023年3月12日，那么属于补签；如果日期为2022年2月1日，或者3月1日，则为倒签。

三、知识扩展

劳动者拒绝倒签，用人单位可以解除劳动关系吗？

根据《劳动合同法实施条例》第五条规定，自用工之日起一个月内，经用人单位书面通知后，劳动者不与用人单位订立书面合同的，用人单位应当书面通知劳动者终止劳动关系，无需向劳动者支付经济补偿。也就是说，劳动者拒签劳动合同，用人单位可以解除劳动关系，且不支付任何经济补偿。

但是，如果用人单位未及时与劳动者签订或续签合同，过了几个月，再倒签订劳动合同，劳动者是有权拒绝的，并可以要求用人单位支付未签订劳动合同期间的两倍工资差额。如果用人单位以劳动者"拒绝签订劳动合同"为由，单方面解除劳动关系，则违反了《劳动合同法》相关规定，需要向其支付违法解除劳动关系的经济赔偿。

四、法条链接

《中华人民共和国劳动合同法实施条例》

第五条 自用工之日起一个月内，经用人单位书面通知后，劳动者不与用人单位订立书面劳动合同的，用人单位应当书面通知劳动者终止劳动关系，无需向劳动者支付经济补偿，但是应当依法向劳动者支付其实际工作时间的劳动报酬。

第六条 用人单位自用工之日起超过一个月不满一年未与劳动者订立书面劳动合同的，应当依照劳动合同法第八十二条的规定向劳动者每月支付两倍的工资，并与劳动者补订书面劳动合同；劳动者不与用人单位订立书面劳动合同的，用人单位应当书面通知劳动者终止劳动关系，并依照劳动合同法第四十七条的规定支付经济补偿。

前款规定的用人单位向劳动者每月支付两倍工资的起算时间为用工之日起满一个月的次日，截止时间为补订书面劳动合同的前一日。

第七条 用人单位自用工之日起满一年未与劳动者订立书面劳动合同的，自用工之日起满一个月的次日至满一年的前一日应当依照劳动合同法第八十二条的规定向劳动者每月支付两倍的工资，并视为自用工之日起满一年的当日已经与劳动者订立无固定期限劳动合同，应当立即与劳动者补订书面劳动合同。

五、普法提示

不管是倒签还是补签劳动合同，对于劳动者来说都是非常不利的。所以，如果用人单位要求倒签或补签劳动合同，劳动者应理智地拒绝。如果用人单位以欺诈、胁迫等手段来促使劳动者倒签，劳动者应当保留证据，作为仲裁和起诉的依据，维护自身合法权益。如果因为拒绝倒签而遭到辞退，则应该及时到劳动仲裁委员会申请仲裁，以便获得违法解除劳动关系赔偿金。

第五节　培训服务期协议

很多用人单位都会对员工进行入职培训和行业技能培训，前者是为了帮助员工尽快地适应工作环境、熟悉岗位的日常工作，而后者则是在于培养更高、精、尖的专业人才，促进企业更长远、更快速地发展。

通常来说，用人单位对员工进行行业技能培训时，往往会投入大量人力、资金成本，会传授一些独创的、先进的理论或技术。所以，如果员工在培训之后很快离职，将给企业带来非常大的损失。正因为如此，用人单位进行这种培训前，会与员工签订培训服务期协议，或在劳动合同中约定培训服务期条款。

那么，培训服务期应如何约定，服务期和劳动合同期限不一致该怎么办呢？

一、案例

2020年3月，高睿与几名应聘者同时进入一家软件工程公司，担任软件开发工程师。劳动合同期限为三年，试用期为三个月。虽然高睿等人是相关专业毕业，公司还是在一年后为其安排了为期半年的高端软件工程技术的理论知识和实际操作的技能培训，并签订了培训服务期协议。约定培训费每人为20万元，服务期为五年，违约金按照服务年限平摊。

劳动合同期满后，高睿接到一家跨国公司下属的软件工程公司的邀请，提供的薪资待遇、职业发展前景都比原公司要好上许多。于是，原公司提出续签劳动合同时，高睿表示拒绝，并未续签劳动合同。不久，公司再次与高睿协商，说他的服务期还未到期，劳动合同应延长到服务期期满。高睿仍不同意，所以该公司向劳动仲裁委员会提出仲裁申请，要求其继续履行合同。

劳动仲裁委员会经审理，认为虽然双方劳动合同期限已满，但是用人单位为劳动者提供了专项培训费用，双方约定的服务期未期满，劳动者应继续履行劳动合同。所以，仲裁委员会支持了该公司的主张。

二、法理分析

根据我国《劳动合同法》第二十二条规定，用人单位为劳动者提供专项培训费用，对其进行专业技术培训的，可以与该劳动者订立协议，约定服务期。一般来说，服务期为3~5年，最好不要超过10年。用人单位需要根据培训费、用人单位的实际情况、员工流动率来确定服务期的长短。

当然，服务期和劳动合同期限不同，是实际中普遍存在的现象。这种情况下，《劳动合同法》对书面劳动合同有严格的要求，如果劳动合同期满，服务期尚未到期的，劳动合同应当续延至服务期期满。为了保障用人单位的合法权益，《劳动合同法》第二十二条还明确规定：劳动者违反服务期约定的，应当按照约定向用人单位支付违约金。违约金的数额不得超过用人单位提供的培训费用。用人单位要求劳动者支付的违约金不得超过服务期尚未履行部分所应分摊的培训费用。

本案例中，高睿与公司约定了5年服务期，在服务期限未满的情况下，与公司的劳动合同应当延续至服务期期满。也就是说，高睿应该继续履行服务期合同，不得离职。如果高睿非要离职，则需要按照约定向公司支付违约金，违约金以服务期尚未履行部分所应分摊的培训费用为限。

那么，如果劳动合同期满，服务期限内，该公司不愿意与高睿续约，该怎么处理呢？

其实，服务期协议对于劳动者和公司都有约束力，在服务期内，该公司也应该为劳动者履行合同提供必要的条件。如果高睿不同意离职，继续在公司上班，公司也应支付相应的薪资，提供不低于原合同的待遇。当然，双方另有约定或协商一致的除外。

三、知识扩展

试用期内培训服务期协议是否具有法律效力？

根据《劳动合同法》的相关法律规定，用人单位为劳动者提供专项培训费用，对其进行专业技术培训的，可以与该劳动者签订培训服务期协议或者在劳动合同中约定相关条款，约定服务期限。

那么，在试用期内签订的培训服务期协议是否同样具有法律效力？如果劳动者在试用期内想要离职，是否可以解除劳动合同和培训服务期协议？劳动者离职了，是否需要支付相应的违约金呢？

根据《劳动合同法》规定，劳动者在试用期内有选择离职的权利，同时，《劳动部办公厅关于试用期内解除劳动合同处理依据问题的复函》也有如下规定：用人单位出资（指有支付货币凭证的情况）对职工进行各种技术类培训，职工提出与该单位解除劳动合同的，如果在试用期内，则用人单位不得要求劳动者支付该项费用。所以，如果在试用期内，员工是可以选择离职的，且用人单位不得要求员工支付培训费，也不得要求其支付违约金。

四、法条链接

《中华人民共和国劳动合同法》

第二十二条 用人单位为劳动者提供专项培训费用，对其进行专业技术培训的，可以与该劳动者订立协议，约定服务期。

劳动者违反服务期约定的，应当按照约定向用人单位支付违约金。违约金的数额不得超过用人单位提供的培训费用。用人单位要求劳动者支付的违约金不得超过服务期尚未履行部分所应分摊的培训费用。

用人单位与劳动者约定服务期的，不影响按照正常的工资调整机制提高劳动者在服务期期间的劳动报酬。

《中华人民共和国劳动合同法实施条例》

第十七条 劳动合同期满，但是用人单位与劳动者依照劳动合同法第二十二条的规定约定的服务期尚未到期的，劳动合同应当续延至服务期满；双方另有约定的，从其约定。

五、普法提示

作为劳动者，需要明白劳动合同和培训服务期协议是两个不同的概念，当服务期和劳动合同期限不一致，且服务期远长于合同期限时，一定要避免违约，否则需要支付违约金。如果公司不想续约，且符合用人单位可以单方面解除合同的情形，劳动者依然可能需要支付足额的违约金。

另外，并不是所有培训都需要签订服务期协议，入职培训、普通的技能培训是不需要约定服务期的。

第六节　集体合同与劳动合同

集体合同是企业职工一方与用人单位就劳动报酬、工作时间、休息休假、保险福利等事项，通过集体协商达成的，以完成生产任务和改善职工的物质生活条件、劳动条件为中心内容的书面协议。

集体合同具有一般合同的共同特征，即平等主体基于平等、自愿协商而订立，规范了双方的权利和义务。那么，签订集体合同，是不是意味着个人不用签劳动合同了？

一、案例

2023年3月18日，胡军被招聘进入某采暖设备公司，负责设备组装工作。因为该公司组建新的生产车间，所以这批员工是被统招进来了，于是该公司通过职工代表大会起草了集体合同，与这批员工签订了集体合同。

后来，胡军听朋友说，劳动者必须与企业签订劳动合同，这样才能维护自身合法权益。于是，胡军找到相关负责人，询问是否可以签订劳动合同。该负责人表示既然已经签订集体合同，就没有必要再签劳动合同了，因为依法订立的集体合同同样具有法律效力。

胡军疑惑不解，公司签了集体合同就不签劳动合同是否违法？如果自己的劳动权益受到侵犯，应该怎么去维权？是不是同样可以申请劳动仲裁呢？

二、法理分析

本案例中，该公司的做法是不合法的。

《劳动合同法》第十一条规定：用人单位未在用工的同时订立书面劳动合同，与劳动者约定的劳动报酬不明确的，新招用的劳动者的劳动报酬按照集体合同规定的标准执行；没有集体合同或者集体合同未规定的，实行同工同酬。同时，第五十四条规定：依法订立的集体合同对用人单位和劳动者具有约束力。

可以说，集体合同不等同于劳动合同，两者之间有很大区别，具体有以下几点（如图3-5所示）。

1.主体不同。集体合同的当事人是企业和工会组织或职工推举的代表。

劳动合同的当事人是企业和劳动者个体。

2.内容不同。集体合同的约定是关于企业的一般劳动条件的约定，以全体劳动者共同权利和义务为内容。劳动合同的内容只涉及劳动者个体的权利与义务。

3.功能不同。集体合同为劳动关系的各个方面设定标准，并作为单个劳动合同的基础和指导原则。劳动合同只为确立企业与劳动者个体的劳动关系。

4.法律效力不同。集体合同的法律效力高于劳动合同。

5.签订程序不同。

所以说，订立劳动合同是强制性规范，不能因为已订立了集体合同就不签订劳动合同。本案例中该公司拒绝与员工签订劳动合同的行为是违法的。胡军可以向劳动仲裁委员提起仲裁申请，要求该公司支付未签订书面劳动合同的双倍工资。

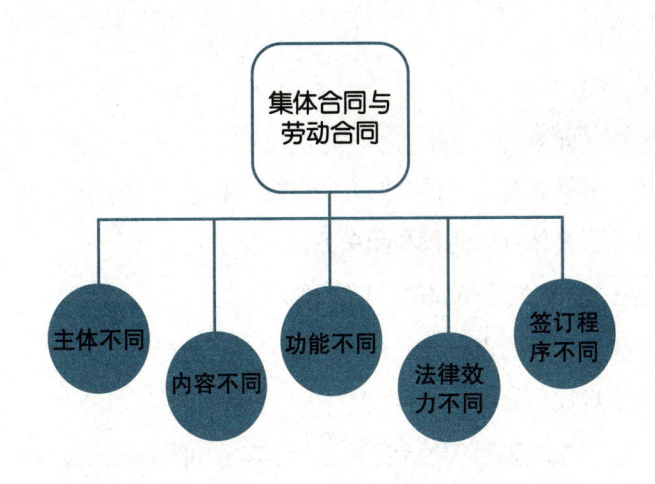

图3-5　集体合同与劳动合同的五个区别

另外，根据《劳动合同法》第五十六条规定，发生集体合同争议时，用人单位侵犯劳动者的劳动权益,工会可以根据相关规定代表劳动者要求用人单位承担相应法律责任。如果通过协商解决不了,工会可以申请劳动仲裁,对仲裁裁决不服的,也可以向人民法院提起诉讼。

三、知识扩展

集体合同的主要内容和制定程序是什么?

根据《劳动合同法》第五十一条和《集体合同规定》第八条的相关规定,集体合同应当包括以下内容:

1.劳动报酬;

2.工作时间;

3.休息休假;

4.劳动安全与卫生;

5.补充保险和福利;

6.职工培训;

7.劳动纪律;

8.劳动定额;

9.集体合同期限;

10.变更、解除、终止集体合同的协商程序;

11.双方履行集体合同的权利和义务;

12履行集体合同发生争议时协商处理办法;

13.违反集体合同的责任;

14.法律法规规定的其他内容。

集体合同的制订程序应包括以下几个步骤(如图3-6所示)。

(一)形成草案。

集体合同应该由工会(或职工推举的代表)代表职工与企业签订,一般情况下，企业应该成立集体合同起草委员会或者起草小组，主持起草集体合同。起草时应该深入调查研究，广泛征求各方面的意见和要求。

（二）审议。

草案应提交职工大会或职工代表大会审议。审议时，由企业经营者和工会主席分别对于协议草案的产生过程、依据及涉及的主要内容进行说明，由职工大会或职工代表大会对协议草案文本进行讨论，做出审议决定。

审议时有2/3以上职工代表或者职工出席，且须经全体职工代表半数以上或者全体职工半数以上同意，集体合同草案才能通过。

（三）签字。

草案通过后，双方首席代表签字。

（四）登记备案。

接下来，用人单位一方应自双方首席代表签字之日起10日内，将集体合同的文本及其各部分附件一式三份提请县级以上劳动保障行政部门审查。审查若没有意见，集体合同即发生法律效力。

（五）公布。

集体合同一经生效，企业应及时向全体职工公布。

此外，变更和解除集体合同的程序，也适用集体协商程序。

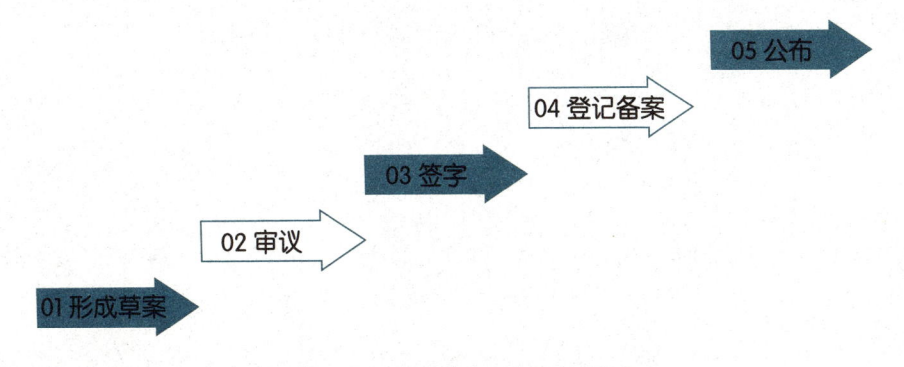

图 3-6　制定集体合同的五个步骤

四、法条链接

《中华人民共和国劳动合同法》

第五十五条 集体合同中劳动报酬和劳动条件等标准不得低于当地人民政府规定的最低标准；用人单位与劳动者订立的劳动合同中劳动报酬和劳动条件等标准不得低于集体合同规定的标准。

第五十六条 用人单位违反集体合同，侵犯职工劳动权益的，工会可以依法要求用人单位承担责任；因履行集体合同发生争议，经协商解决不成的，工会可以依法申请仲裁、提起诉讼。

五、普法提示

集体合同与劳动合同有一些区别，但是对于用人单位和劳动者同样有约束力，同样可以保障双方的合法权益不受侵害。作为劳动者，应注意的是集体合同没有交由当地劳动行政部门审核备案，是不能生效的。同时，如果集体合同约定的工作报酬低于当地最低工资标准，劳动者可以要求补发工资，并变更劳动合同中关于报酬的约定。

需要注意的是，订立劳动合同是强制性规范，签订集体合同不能免除签订劳动合同的法定义务。劳动者与用人单位建立劳动关系，就需要签订书面劳动合同。

第四章

劳动权益是职场人的根本利益

　　选择职业、平等就业、取得劳动报酬、休息休假、享受社会保险和福利等劳动权益是职场人的根本利益。这些权益受到相关劳动法律的保护，如果发现自身权益受到损害，比如企业不支付加班费、不允许休年假，或不经员工同意，单方面为其调岗等情况，劳动者应及时向劳动保障部门举报，或者向劳动仲裁委员会申请仲裁。

第一节　加班费怎么算

加班，是指除法定或国家规定的工作时间外，正常工作日延长工作时间或者双休日以及国家法定假期期间延长工作时间。对于大部分职场人来说，加班都是不可避免的。那么，员工加班是否有时间限制？加班费该怎样计算呢？

一、案例

2022年7月，小天入职一家电商公司做客服工作，劳动合同约定每月工资为4500元，每天工作时间为8小时。不过，小天所在公司有淡季与旺季之分，淡季时，小天可以按时上下班，但到了旺季，就需要按照业务需求不定时加班了。尤其每年"618""双十一""双十二"等购物节前后，由于订单量激增，小天每天都需要加班，少则一两个小时，多则三四个小时。

销售旺季和各大购物节期间，老板还以公司人手有限为由，决定开展"突击战"，规定小天等客服人员每天加班4小时，周末休息取消，所有员工不得请假。虽然员工们不情愿，但是迫于压力，只能同意。

一年后，小天不想继续做客服，遂向公司提出离职。在结算工资时，小天要求该公司补齐自己的加班费，遭到拒绝。于是，小天向劳动仲裁委员会申请仲裁，要求公司补发自己的加班费。劳动仲裁委员会认为，根据《劳动法》规定，企业由于生产经营的需要确实需要加班的，应该与工会和劳动者协商一致，不得强迫劳动者在法定工作时间之外延长工作时间。

本案例中，该电商公司虽然与员工进行协商，但是有强迫的意味，且要求员工每天加班4小时，周末休息取消，已经违反了关于延长工作时间的限制（一般不应当超过每天1小时，特殊情况下不超过3小时），侵害了劳动者的休息权。最终，仲裁委员会裁定该公司应当补发小天以及其他员工平时的加班工资，并按照两倍的标准补发其周末的加班工资。

二、法理分析

加班费的计算，与工作时间直接相关。那么，工作时间应该如何计算呢？

在司法实践中，工作时间是按照一年365天计算的，其中减去法定节假日和休息日115天，即一年工作时间为250天，平均每月工作时间为20.83天。但是，法律规定法定节假日劳动者可以不用工作，用人单位也需要支付员工工资。所以，计算工作收入时采取的是计薪天数，一般为每月21.75天。计算每日工资时，需要用月工资除以月计薪天数。

根据《劳动法》规定，加班费有延时加班费、休息日加班费和法定节假日加班费。在标准工时制度下，劳动者每天工作的时间为8小时，如果确实需要延长的，一般不应当超过每天1小时，特殊情况下不超过3小时，且每月的加班总时不应超过36小时，并需要支付延时加班费，按照原工资的150%计发。休息日加班费，按照不低于劳动者本人日或小时工资标准的200%计发。节假日加班费，按照不低于劳动者本人日或小时工资标准的300%计发（如图4-1所示）。

比如，小天每月工资为4500元，那么日工资为206.90元，小时工资为25.86元。小天1天加班3小时，加班工资为116.37元。

需要注意的是，法律规定的150%、200%、300%是法定的最低限度。用人单位支付的加班费可以高于这个标准，但是不能低于这个标准，否则劳动者有权要求其补发。

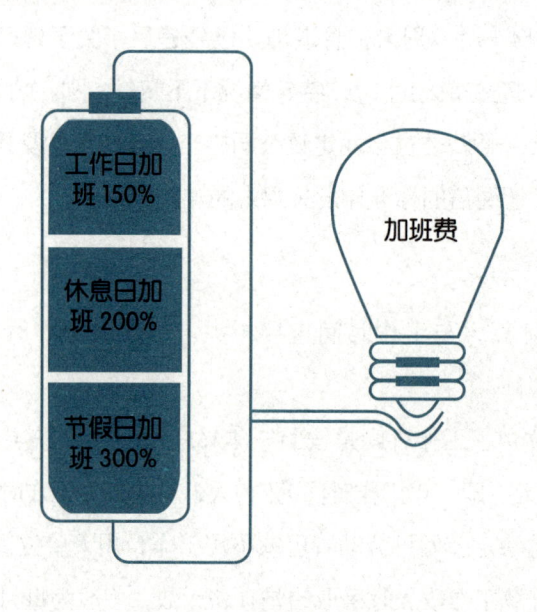

图 4-1 加班费的三种比率

三、知识扩展

加班工资的计算基数如何确定？

计算加班费，必须确定劳动者加班工资的计算基数。这个计算基数就是劳动者的应得工资。比如，本案例中，小天的月工资为4500元，是其应发工资数额，没有扣除五险一金和个人所得税。

如果劳动合同有明确约定工资数额，应当以劳动合同约定的工资数额作为加班费计算基准。需要注意的是，劳动合同的工资项目分为"基本工资""岗位工资""职务工资"等，应当以各项工资的总和作为基数计发加班费，不能按照基本工资或岗位工资单独一项作为计算基数。

如果没有约定工资数额，或者约定不明确的，应该以实际发放的工资作为计算加班费的依据。而用人单位所发放的工资、奖金、津贴、补贴等都属于实际发放的工资，都应该作为计算基数。但是，实发工资中本就包含的加班费、伙食补助等应该扣除，不应计入其中。

最后，确定员工日平均工资和小时平均工资时，应当按照2008年人力资源和社会保障部发布的《关于职工全年月平均工作时间和工资折算问题的通知》规定，以每月工作时间为21.75天和174小时进行折算。

四、法条链接

《中华人民共和国劳动法》

第四十四条　有下列情形之一的，用人单位应当按照下列标准支付高于劳动者正常工作时间工资的工资报酬：

（一）安排劳动者延长工作时间的，支付不低于工资的百分之一百五十的工资报酬；

（二）休息日安排劳动者工作又不能安排补休的，支付不低于工资的百分之二百的工资报酬；

（三）法定休假日安排劳动者工作的，支付不低于工资的百分之三百的工资报酬。

五、普法提示

对于员工来说，加班费是劳动应得的报酬。如果用人单位有不发加班费或者少发加班费的情况，劳动者应该拿起法律武器进行维权。同时，劳动者还需要明确以下几点：

1.不能为了加班费，而工作懒散，把工作都留到下班后才做，否则将面临职场和法律风险。

2.当用人单位安排过量任务，不得不利用加班时间完成时，要敢于争取自己的合法权益。

3.即便企业支付加班费，也不能随意安排加班时间，或者使员工加班时间超过法律规定的限度。

4.用人单位安排劳动者休息日加班，且安排了补休，如果员工拒绝补休，则不能要求公司支付加班费，也不能要求用加班费代替补休。

第二节　特殊工时制度

特殊工时制度，是相对于标准工时来说的，它是指因工作性质或者生产特点的限制，不能实行标准工时制度的情况下，按照法律规定实行其他工作和休息办法的工时制度。既然是特殊工时制度，员工不需要按照每天工作8小时的规定工作，那么是不是就不存在加班？用人单位就可以按照自己想法，随意安排员工工作时间？

其实不然。根据法律规定，用人单位不能无限期延长员工的工作时间，更不能剥夺员工的休息权和依法享受加班费的权利。

一、案例

2023年1月15日，王淼入职某建筑公司从事建筑工程工作，双方签订为期3年的劳动合同。合同中，约定采取综合工时制，以一个季度为周期综合计算工作时间，每月工资标准为20000元。由于工作需要，王淼长期没有周末、节假日，每天的工作时间也比较长，时常加班到八九点。2023年春节，王淼只得到

3天假期，2月、3月连续加班，每月只休息1天。接下来3个月，王淼每天的加班时间也超过3个小时，每周加班时间超过20小时。

2023年6月底，王淼因为长期没有休息时间、作息不规律导致自己身体状况急剧下降，于是提出与公司解除劳动合同。结算工资与奖金时，王淼认为自己长时间超负荷工作，好几个月几乎没有休息日，公司应该补发自己加班费。该公司却认为，双方签订合同时约定采取综合工时制，不需要执行每周工作40小时的制度，公司也不需要支付王淼加班费。

王淼不服，于是向当地劳动争议仲裁委员申请仲裁，要求该公司补发应发放的加班费。经过仲裁委员会审理发现，虽然该公司与王淼约定采取综合工时制度，且经过相关部门审批，该企业应安排员工以周、月、季、年等为周期，综合计算工作时间，但是，工作时间超过规定的总工时，应当视为延长工作时间，公司需要给员工发放加班工资。该公司延长员工工作时间，不安排休息日，且不发放加班工资，已构成违法。因此，仲裁委员会支持王淼的请求，判定该公司应当补发少发的加班工资。

二、法理分析

劳动者在签订劳动合同时都应该约定具体工时制度，不定时工作制和综合工时制度都是比较特殊的工作时间制度。如果双方约定为特殊工时制度，需要用人单位到劳动行政部门获得审批备案才能实行。

在特殊工时制下，用人单位依旧需要保证劳动者的休息权，安排劳动者适当的工作和休息。本案例中，王淼采取综合工时制，以一个季度为周期综合计算工作时间，但是平均日工作时间和平均周工作时间应当与法定标准工作时间基本相同。

也就是说，在综合计算周期内，员工在某一天的实际工作时间可以超过

8小时，但是平均每周的工作时间不得超过40小时，超过的工作时间应该视为延长工作时间，企业需要按照《劳动法》的规定支付员工相应的报酬。王淼每天工作时间不确定，几乎每天工作超过11个小时，且每月只休息1天，这明显是不合理的，侵害了王淼的休息权权益。

根据法律规定，在综合计算周期内，王淼工作时间超过法律最高限度，该公司应该对超出部分按照150%的标准计算加班费。如果是法定节假日，比如春节期间加班，需要按照300%的标准支付加班费。

三、知识扩展

我国实行的特殊工时制有哪些类型？

除了以上提到的综合工时制外，我国已经实行的特殊工时制度主要包括以下几种（如图4-2所示）。

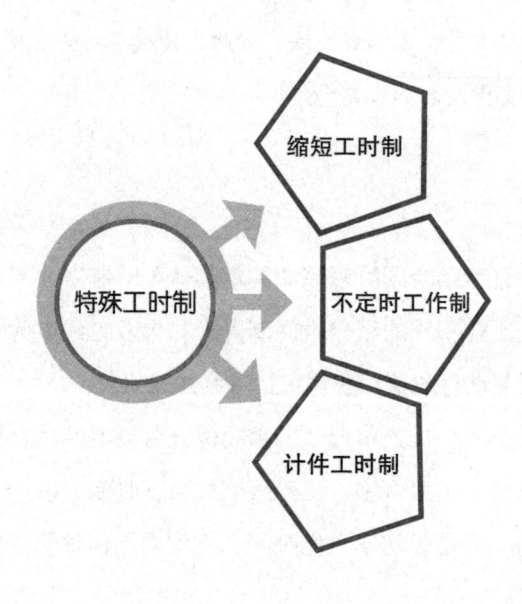

图4-2　三种特殊工时制

（一）缩短工时制。

缩短工时制，是指即劳动者每天工作时间少于8小时、平均每周工作时间少于40小时的工时制度。在特殊条件下进行劳动或有特殊情况的，企业可以根据实际情况，在保证完成生产和工作任务的前提下，自行决定适当地缩短工作时间。

一般来说，以下几种情况适用缩短工时制：

1.从事矿山井下、高山、有毒、有害、特别繁重或过度紧张的体力劳动职工，以及纺织、化工、建筑冶炼、地质勘探、森林采伐、装卸搬运等行业或岗位的职工；

2.从事夜班工作的职工。夜班时间一般是指当晚10时至次日晨6时；

3.哺乳未满12个月婴儿的女职工；

4.16~18岁的未成年劳动者。

（二）不定时工作制。

不定时工作制是指劳动者的工作时间不能受固定时数限制，而直接确定职工劳动量的工作制度。采取不定时工作制需要相关部门批准，劳动者的工作时间不受《劳动法》第四十一条规定的日延长工作时间标准和月延长工作时间标准的限制。企业可以根据自身经营或生产的实际情况采取弹性工作时间及休息方式，比如集中工作、集中休息、轮休调休、弹性工作时间等。

一般来说，用人单位的高级管理人员、外勤人员、推销人员、长途运输人员、出租汽车司机和铁路、港口、仓库的部分装卸人员以及一些从事特殊工作的职工，适合不定时工作制。另外，实行计件工作的劳动者，也属于适用不定时工作制度的情况。

一些岗位比如行政类、后勤类，通常不适用不定时工作制。

（三）计件工时制。

计件工时制，是以工人完成一定数量的合格产品或一定的作业量来确定劳动报酬的工时计算制度。根据《劳动法》规定，对实行计件工作的劳动者，用人单位应当根据标准工时制的规定，合理确定劳动定额和计件报酬标准。

从一定意义上来说，计件工作制属于一种特殊的不定时工作制。

四、法条链接

《中华人民共和国劳动法》

第三十七条 对实行计件工作的劳动者，用人单位应当根据本法第三十六条规定的工时制度合理确定其劳动定额和计件报酬标准。

第三十八条 用人单位应当保证劳动者每周至少休息一日。

第三十九条 企业因生产特点不能实行本法第三十六条、第三十八条规定的，经劳动行政部门批准，可以实行其他工作和休息办法。

五、普法提示

在维护自身合法权益时，劳动者需要注意以下问题：

（一）实行综合计算工时制，不意味着不存在加班。

实行综合工时制，企业安排员工工作的时间是弹性的，但是这不意味着不存在加班。只要在综合计算周期内，员工的总实际工作时间超过法定标准工作时间，便视为延长工作时间，有权要求用人单位支付不低于工资的150%的工资报酬。

（二）加班时，要保留加班证据。

不管是进行劳动仲裁还是到法院进行诉讼，都需要保留自己加班的证据。因为在劳动争议中，加班费的举证责任在于劳动者，即谁主张谁举证。如果劳动者不保留好证据，诉求可能不被支持。

（三）法定节假日一般不安排补休，用人单位需要支付加班费。

实际工作中，法定节假日调休、补休是不可避免的。很多用人单位认为给员工调休、补休了，便不需要支付加班费了。其实，这种做法是错误的，侵害了劳动者的合法权益。根据法律规定，春节、中秋、国庆等法定节假日是劳动者应当享受的假期，即便安排补休，用人单位也必须支付加班费。

（四）从事较高体力劳动强度工作的员工，每日连续工作时间不得超过11小时，每周至少休息1天。

第三节　年终奖并非可有可无

年终奖是用人单位给予员工的一种特殊奖励，是否发放、发放标准在一定程度上属于用人单位自行决定。目前，我国的法律、法规并无要求用人单位必须发放年终奖的具体规定。但是，如果劳动合同或用人单位的规章制度中有年终奖发放的相关规定和标准，用人单位就必须按照合同或规章制度来执行，不可随意决定发放或不发放、发谁或不发谁，或者找某种理由拒绝发放或少发。

一、案例

杜晓梅在某贸易公司任职，签订为期3年的劳动合同，约定每月工资为10000元，年终业绩达标、表现突出有年终奖，且在公司规章制度中，明确规定年终奖的具体发放标准、考核标准等。

2022年7月，杜晓梅生下一子，在家休完产假后继续回去上班，仍负责原岗位相关工作。2022年底，公司举办完年会和年终总结后，给所有员工发放年终奖，可独独没有给杜晓梅发放。杜晓梅很是不解，找到人事经理询问情况，人事经理表示她今年休了产假，而且怀孕和哺乳期间多次请假，对于公司业绩贡献不算太大，所以老板决定不发放她当年的年终奖。

杜晓梅不服气，说自己怀孕休产假、产检请假、每天哺乳请1小时假都是正当的，是法律赋予自己的合法权益。而且，自己怀孕时、休产假回来后都在原岗位坚持工作，与客户沟通、协调各部门关系都尽职尽责，不仅没耽误任何业绩，还给团队项目做出不少贡献，所以公司仅以自己休假为由扣发年终奖的行为是不合理的，也是不合法的。

杜晓梅多次找公司协商，都没得到满意答复。一怒之下，杜晓梅当即向劳动仲裁委员会投诉，要求该公司按照相关规定标准支付该年度的年终奖。仲裁委员会支持杜晓梅的主张，考虑到她休假的时间，认为应该按照80%的比例支付她的年终奖。该公司不服，向人民法院进行起诉，表示拒绝支付相应年终奖。

经审理，人民法院认为双方都认可年终奖的发放及具体发放数额由公司按照员工工作表现来决定，该公司没有证据证明杜晓梅的工作表现不符合年终奖发放标准，同时，杜晓梅休产假、请产检假以及哺乳假都是法律赋予的基本权利。年终奖有别于基本工资，是正常支付员工工资之外的报酬，因此该公司应结合年终奖性质和员工工作时间支付80%的年终奖。

二、法理分析

《劳动法》第四十七条规定：用人单位根据本单位的生产经营特点和经济效益，依法自主确定本单位的工资分配方式和工资水平。也就是说，年终奖是用人单位为了激励员工、提高员工工作积极性和创造性而设立的，发放年终奖不是用人单位必须承担的强制义务。

一般来说，在以下情形中，员工有权要求单位发放年终奖金：（一）符合用人单位规章制度规定的年终奖发放条件；（二）劳动合同中明确约定了年终奖金的数额或计算方法；（三）用人单位已经对员工作出向其发放年终奖的承诺或决定。

只要员工符合以上条件，用人单位就必须根据其工作表现、业绩贡献发放年终奖金，不能以各种理由不发或少发。本案例中，杜晓梅与公司签订的劳动合同中明确了年终奖的发放标准和工作的考核标准，且该公司的规章制度也规定了年终奖的发放条件。因此，以休假为由拒绝发放的行为是违法的。

当然，若是该公司有证据证明杜晓梅在该年度工作表现不佳，或不能胜任本职工作，不符合考核标准，那么可以拒绝发放年终奖。如果杜晓梅拿出证据证明休假期间也为公司提供了劳动、创造了业绩，也有权要求公司予以全额发放。

三、知识扩展

年终奖应该怎么发？

不同的用人单位可以依据自身实际情况来确定年终奖的发放形式，不同的单位有不同的年终奖发放形式，一般来说，主要有以下三种（如图4-3所示）。

（一）年末双薪。

年末双薪制是目前我国最普遍的年终奖发放形式之一，大多数企业都采用这种方式。它是一种有保证的奖金，一般采取13薪、14薪或更多的方式，只要员工在年底仍然在岗，不管表现如何、业绩如何都可以享受。这类似于公司福利，是对于员工的激励与感谢，能增加公司的凝聚力。

（二）绩效奖金。

这是一种浮动奖金的形式，即根据个人年度绩效评估结果和公司业绩结果来确定发放年终奖的比例与数额。也就是说,员工创造的业绩越多,工作贡献越大,绩效奖金数额也越大。

发放绩效奖金时,用人单位必须有科学合理的绩效考核制度,确定合理的考核标准、考核内容以及考核体系,确保考核结果的公正。

(三)红包。

这种年终奖形式尤以私企居多,年终奖金额通常是由老板决定的,没有固定的规则。年终奖的多少取决于员工的资历、是否有重大贡献,甚至是老板对于员工的印象。

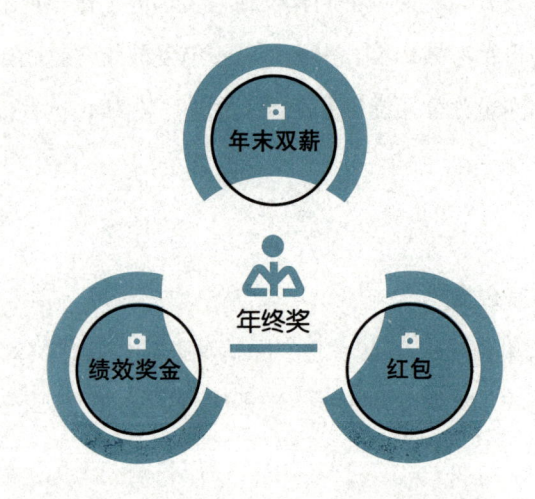

图 4-3　年终奖的三种形式

除此之外,一些公司还将旅游奖励、赠送保险、车贴、房贴等列入年终奖,目的是鼓舞士气,加强管理。但不管怎样,对于员工来说都需要关注年终奖的合理性、合法性,依法维护自己的权益。

四、法条链接

《关于工资总额组成的规定》

第四条　工资总额由下列6个部分组成：

（一）计时工资；

（二）计件工资；

（三）奖金；

（四）津贴和补贴；

（五）加班加点工资；

（六）特殊情况下支付的工资。

《工资支付暂行规定》

第五条　工资应当以法定货币支付。不得以实物及有价证券替代货币支付。

五、普法提示

不少企业与员工约定发放年终奖，但是对年终奖进行管理时存在着一些漏洞，或者以开源节流为理由故意扣发年终奖，侵害员工的合法权益。那么，对于员工来说，如何预防自身权益被侵害呢？

这就需要关注以下情况的发生：

（一）工作不满一年，不予发放年终奖。

很多用人单位规定：员工工作不满一年，没有年终奖。其实，这种做法是错误的。根据相关法律法规规定，如果用人单位在劳动合同中约定了年终奖金的发放规定，或是用人单位已经制定了发放年终奖的具体规定，且员工的工龄符合公司发放年终奖的规定，便应按照相应比例发放年终奖，不得不发，也不能延期到下一年度发放。

（二）提前离职，无权拿到年终奖。

一般来说，年终奖都是年底发放，所以很多用人单位拒绝给年前离职的员工发放该年度年终奖。这种情况下，是否发放年终奖应该看该年终奖是否具有劳动报酬的性质，如果具有劳动报酬性质，就不应该拒绝发放，应根据员工实际工作时间占全年时间的比例来发放。

如果年终奖只是单纯的福利性质，比如发放年终大红包、年会奖品等，那么对于那些提前离职的员工便不需发放。

（三）年终奖延期、分期发放。

根据《劳动法》规定，年终奖是工资的一部分，属于劳动报酬或福利的范围，如果在劳动合同或规章制度中规定发放年终奖，那么用人单位不得推迟年终奖的发放，否则等于拖欠工资。所以，员工有权要求用人单位按时发放年终奖，如果情况严重，可以申请经济补偿或赔偿金。

同时，企业对于如何发放年终奖有自主权，分期发放是不违法的。

（四）年终奖以实物方式抵发。

很多企业在年底发放年终奖时，会以实物形式发放，比如礼品、旅行奖励等。其实，这是违法的。《工资支付暂行规定》第五条规定，工资应当以法定货币支付，不得以实物及有价证券替代货币支付。年终奖属于工资性质，不能以实物抵发。

第四节　年假应该怎么休

在司法实践中，很多用人单位的规章制度中并没有对带薪年休假有所规定，甚至一些用人单位的规章制度还明确规定员工不享受带薪年休假，或者规定了员工带薪年休假的附加条件，比如在本公司工作满1年才有资格休年假。

事实上，这些用人单位的做法是违法的，侵犯了劳动者的法定休息权。

一、案例

吴菲于2019年7月大学毕业后入职某对外贸易公司，担任行政文员，每月工资5000元。吴菲与该对外贸易公司签订了为期三年的劳动合同，工作期间勤勤恳恳，尽职尽责完成上司交代的每件工作。工作满三年后，吴菲想与男友回家乡发展，所以不再续约。离职交接时，公司给吴菲结清了所有工资和其他福利，但吴菲发现公司并未给自己结算带薪年休假工资。吴菲在该公司工作三年，从来没休过年假，所以要求公司支付累计15天的年休假工资报酬。

但是，该公司拒绝了吴菲，其老板表示公司的规章制度并未规定带薪年休假，员工也不享受带薪年休假。为此，吴菲向劳动仲裁委员会申请仲裁，要求该公司向自己支付未休年休假工资差额，即 $5000÷21.75×15×（3-1）=6896.55$（元）。

那么，吴菲的主张会被劳动仲裁委员会支持吗？

二、法理分析

根据《劳动法》第四十五条的规定：国家实行带薪年休假制度。劳动者连续工作1年以上的，享受带薪年休假。同时《职工带薪年休假条例》也规定，职工连续工作1年以上的，享受带薪年休假。用人单位应当保证职工享受年休假。职工在年休假期间享受与正常工作期间相同的工资收入；职工累计工作已满1年不满10年的，年休假5天；已满10年不满20年的，年休假10天；已满20年的，年休假15天（如图4-4所示）。

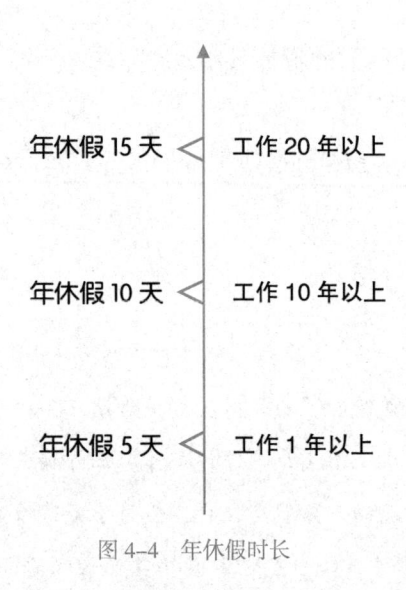

```
年休假 15 天  <  工作 20 年以上

年休假 10 天  <  工作 10 年以上

年休假 5 天   <  工作 1 年以上
```

图 4-4　年休假时长

本案例中，吴菲连续工作1年以上，每年都应依法享受5天的带薪年休假。且她在该公司工作3年，所以累计带薪年休假时间为15天。而且根据《职工带薪年休假条例》规定，对其应休未休的年休假天数，用人单位应按照其日工资收入的300%支付年休假报酬。因此，劳动仲裁委员会支持吴菲主张，裁定该公司向吴菲支付15天的带薪年休假工资差额共6896.55元。

三、知识扩展

员工在本单位工作未满1年，是否享受带薪年休假？

假设，入职该对外贸易公司之前，吴菲入职过某科技公司担任文员工作，工作时间为7个月，后因为不喜欢该科技公司工作环境和氛围选择辞职。于2020年3月1日，吴菲入职该对外贸易公司，工作时间为10个月。吴菲在该对外贸易公司工作不满1年，是否可以享受带薪休年假呢？

根据法律规定，吴菲可以享受带薪年休假。因为《职工带薪年休假条例》中规定的是职工连续工作1年以上，而不是在某用人单位工作1年以上。

《企业职工带薪年休假实施办法》第四条也规定：年休假天数根据职工累计工作时间确定。职工在同一或者不同用人单位工作期间，以及依照法律、行政法规或者国务院规定视同工作期间，应当计为累计工作时间。

吴菲在某科技公司工作7个月，又在该对外贸易公司工作10个月，已经累计工作满1年，便可以享受每年5天的带薪年休假。那么是不是吴菲可以休5天年假呢？并不是。《企业职工带薪年休假实施办法》第十二条规定：用人单位与职工解除或者终止劳动合同时，当年度未安排职工休满应休年休假的，应当按照职工当年已工作时间折算应休未休年休假天数并支付未休年休假工资报酬，但折算后不足1整天的部分不支付未休年休假工资报酬。

折算方法为：

年假天数＝（当年度在本单位已过日历天数÷365天）×职工本人全年应当享受的年休假天数－当年度已安排年休假天数

吴菲在该贸易公司工作10个月，即2020年3月1日至2021年1月1日共计306天，按照规定折算后的带薪年休假为4天。

四、法条链接

《中华人民共和国劳动法》

第四十五条　国家实行带薪年休假制度。

劳动者连续工作一年以上的，享受带薪年休假。具体办法由国务院规定。

《职工带薪年休假条例》

第三条　职工累计工作已满1年不满10年的，年休假5天；已满10年不满20年的，年休假10天；已满20年的，年休假15天。

国家法定休假日、休息日不计入年休假的假期。

第五条 单位根据生产、工作的具体情况，并考虑职工本人意愿，统筹安排职工年休假。

年休假在1个年度内可以集中安排，也可以分段安排，一般不跨年度安排。单位因生产、工作特点确有必要跨年度安排职工年休假的，可以跨1个年度安排。

单位确因工作需要不能安排职工休年休假的，经职工本人同意，可以不安排职工休年休假。对职工应休未休的年休假天数，单位应当按照该职工日工资收入的300%支付年休假工资报酬。

五、普法提示

带薪年休假是每个劳动者应该享受的权益，用人单位可以根据生产、工作的具体情况，并考虑员工本人意愿，统筹安排年休假。员工享受带薪年休假的同时，应该知晓以下事项：

1.初入职员工，享受带薪年休假需连续工作满1年以上。不过，连续工作满1年后再入职新公司，累计工作时间已经满1年以上，可以享受带薪年休假。

2.年休假在1个年度内可以集中安排，也可以分段安排，一般不跨年度安排。单位因生产、工作特点确有必要跨年度安排职工年休假的，可以跨1个年度安排。

3.职工依法享受寒暑假，且其休假天数多于年休假的，不再享受当年年休假。

4.已经休了产假、婚丧假的，同样可以休年休假。探亲假、婚丧假、产假等国家规定的假期以及因工伤停工留薪期间，不计入年休假。

5.员工请事假累计20天，且用人单位不扣工资的，不享受当年的年休假。

第五节　调岗是谁说了算

在实际工作中，用人单位可以根据实际生产需要或员工工作表现来调整工作岗位。比如，员工不能胜任原岗位工作的，公司可以将其调整到其他岗位。这是很常见的事，但是从法律层面来说，若是用人单位不与员工进行协商，或者与员工协商未果后，仍单方面给员工调岗，便侵害了员工的合法权益。

作为员工来说，面临公司的单方面调岗，可以向劳动仲裁委员会申请仲裁或向人民法院起诉，维护自己合法权益。

一、案例

2023年1月，李大齐入职某塑胶生产销售公司担任技术员，签订劳动合同，约定每月工资为6000元，试用期两个月。劳动合同其中一条约定：甲方可以根据工作需要调整乙方的工作岗位和工作地点，如果乙方不服从安排，甲方有权解除与乙方的劳动合同并不支付任何补偿。

2023年5月，因为机器故障原因，产品生产进度有所耽搁，事后领导怪罪下来，技术部负责人将责任推给李大齐。后来，人事部门向李大齐下发了《人员调整通知书》，通知其职务由技术员降为维修员，月工资根据岗位调整为4500元。接到通知后，李大齐提出质疑，认为机器故障并非自己的责任，事后自己也想办法抢修和补救了，不应该成为"替罪羊"。他明确表示自己不会在

《人员调整通知书》上签字。

然而，人事部门却认定李大齐不能胜任技术员工作，公司有权对其进行调岗。而且，双方劳动合同中已有明确约定，公司有权对王某的工作岗位进行调整。如果李大齐不服从调岗安排，公司有权与他解除劳动合同。李大齐认为公司的调岗不合理，并未到新岗位上班，而是继续在原岗位上班。

五天后，公司以李大齐不服从安排为由，单方面解除劳动合同。李大齐很是气愤，直接向劳动仲裁委员会申请仲裁，要求公司继续履行劳动合同，并恢复自己的原岗位和原待遇。

二、法理分析

根据《劳动合同法》第三条规定：订立劳动合同，应当遵循合法、公平、平等自愿、协商一致、诚实信用的原则。依法订立的劳动合同具有约束力，用人单位与劳动者应当履行劳动合同约定的义务。

劳动合同约定可根据需要对员工岗位进行调整，但不代表用人单位可以随意对其进行调岗。对员工进行调岗时，用人单位必须遵守《劳动法》《劳动合同法》以及相关规定，即满足以下某个条件（如图4-5所示）。

1.与员工协商一致，双方就劳动合同的内容进行变更。

2.员工患病或非因工负伤，在规定的医疗期满后不能从事原工作。

3.员工不能胜任工作。这不是用人单位说员工不能胜任就可以的，必须提前制定好岗位职责，设立绩效评估部门，对员工业绩及时作出评价和考核，拿出充分证据证明该员工不能胜任该工作。

4.劳动合同订立时所依据的客观情况发生重大变化，导致劳动合同无法履行。这里的"客观情况发生重大变化"不是用人单位说了算，应符合相关法律规定，同时，需要提前30天以书面形式通知员工本人。

5.企业转产、重大技术革新或经营方式调整，变更劳动合同时，可以对员工进行调岗。

6.企业与员工签订脱密期保密协议时，员工提出辞职，企业可以调整其工作岗位。

员工调岗的条件：
- 与员工协商一致
- 员工伤病，无法从事原工作
- 员工不能胜任工作
- 客观情况发生重大变化
- 企业重大改革
- 员工签订保密协议时辞职

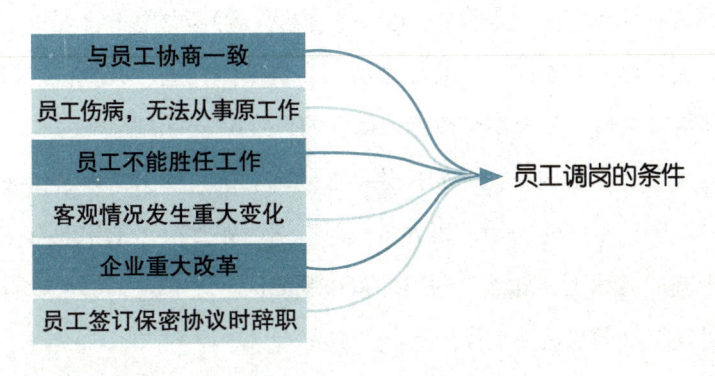

图 4-5 对员工调岗的六种条件

本案例中，该公司没有证据表明对李大齐的调岗是基于生产经营的需要，且不能拿出充分证据证明他不能胜任其工作岗位，因此其单方面实施调岗、降薪的行为违反了法律规定，侵害了员工的合法权益。仲裁委员会经审理，裁定该公司应继续履行劳动合同，且恢复李大齐的原岗位和薪资待遇。

三、知识扩展

用人单位可以随意调整员工工作地点吗？

在一般实践中，员工的工作地点并非一成不变，公司基于租金成本的压力，或为了改善办公环境，可能会改变办公地点；公司基于经营业务的调整，或由于其他地区业务的开展，可能调整员工的工作地点，比如让员工到外地开拓新市场。

这种情况下，用人单位可以随意调整员工的工作地点吗？

答案是否定的。

针对第一种情况，公司变更办公地点时，与员工进行协商，且调整地点是合情合理的，那么是允许调整的。比如，新工作地点和原工作地点距离不远，对员工的实际工作和生活不产生太大影响；或者新工作地点和原工作地点距离比较远，但是公司采取了合理的补救措施，比如安排班车、提供宿舍或增加交通补助，那么也是允许调整的。相反，若是调整不合理，且公司没有相应补救措施，在员工不同意的情况下，仍单方面进行调整，则属于违法行为，将面临支付经济补偿金或者赔偿金的风险。

而对于第二种情况来说，如果劳动合同未明确具体工作地点，或约定的地点为"全国""河北"等，用人单位可以适当调整员工工作地点。如果劳动合同中明确具体工作地点，即"北京市朝阳区×××"，那么没有正当理由便不可以随意调整员工工作地点。

四、法条链接

《中华人民共和国劳动合同法》

第三十五条　用人单位与劳动者协商一致，可以变更劳动合同约定的内容。变更劳动合同，应当采用书面形式。

变更后的劳动合同文本由用人单位和劳动者各执一份。

第四十条　有下列情形之一的，用人单位提前三十日以书面形式通知劳动者本人或者额外支付劳动者一个月工资后，可以解除劳动合同：

（一）劳动者患病或者非因工负伤，在规定的医疗期满后不能从事原工作，也不能从事由用人单位另行安排的工作的；

（二）劳动者不能胜任工作，经过培训或者调整工作岗位，仍不能胜任工作的；

（三）劳动合同订立时所依据的客观情况发生重大变化，致使劳动合同无法履行，经用人单位与劳动者协商，未能就变更劳动合同内容达成协议的。

五、普法提示

在劳动合同中，劳动者的岗位、薪资待遇、具体工作地点都是重要的核心条款和内容。如果发生了调岗、调薪、调整工作地点的情况，则属于对于劳动合同内容的重大变更。所以，用人单位必须与劳动者协商一致，并且以书面形式进行记载。换句话说，作为员工，若是发现公司单方面对自己进行调岗、调薪或改变工作地点，一定要维护自己的权益，不可疏忽大意。

当然，对于调岗的安排不满意，拒绝上班、拒绝到新岗位报到，都是不可取的。作为员工，还需要注意以下几个问题：

1.劳动者不同意调岗、调薪和调整工作地点，可以主张单方面解除劳动合同，并要求用人单位支付经济补偿金。

2.除劳动者患病或者非因工负伤，在规定的医疗期满后不能从事原工作而被调整岗位，或者不能胜任工作被调整工作岗位之外，调岗后的薪资待遇应该与原岗位基本相当。

3.如果用人单位的调岗合法合理，员工却拒绝上班，或者不到新岗位报到，属于严重的违纪行为，用人单位可以在不支付任何经济补偿的情况下将其辞退。

4.即便用人单位的调岗不合法，最好也不要拒绝上班或消极怠工，而是应该积极寻求法律援助，用合法的方式表达自己的合理诉求。

第六节 "五险一金"的缴纳

"五险一金"是用人单位应当给予员工的保障性待遇，是一种隐形的重要福利。其内容包括社会保险（即养老保险、医疗保险、失业保险、工伤保险和生育保险）和公积金。享受到"五险一金"，员工就可以减轻在未来所面临的风险与负担。比如，享受医疗保险，员工生病买药、住院、治疗的费用就可以报销，减轻个人和家庭的经济负担。再比如，享受养老保险，员工退休后就可以按月领取养老金，有了基本生活保障，实现老有所依。

然而，很多用人单位却不依法为员工缴纳"五险一金"，或只缴纳"三险"，即养老保险、医疗保险、失业保险或养老保险、医疗保险、工伤保险。这无疑是侵害了劳动者的合法权益，违反了《劳动法》相关规定。

一、案例

白梦于2022年5月15日入职某网络传播公司，担任视频剪辑工作，双方签订为期3年的劳动合同，月工资为6000元。面试时，人事表示会为员工缴纳"五险一金"，白梦觉得公司福利待遇很好，便痛快入职了。

入职后，人事说先给白梦缴纳"三险"，即养老保险、医疗保险、工伤保险，其他两险一金等过两个月再缴纳。白梦表示同意，可是几个月过去了，公司始终都没有为她缴纳另外两项社会保险和公积金。白梦多次提出要求，公司都以各种理由推脱。

2023年3月，白梦先后向劳动仲裁委员会申请仲裁和向人民法院起诉，要求该公司为自己补缴社保。劳动仲裁委员会和人民法院告知白梦，其申请不属于劳动争议仲裁的受案范畴，白梦应去找社保部门要求该公司依法补缴。

随后，白梦提出离职，并以未缴纳失业保险、生育保险和公积金为由，向劳动仲裁委员会申请仲裁，要求该公司支付自己经济补偿金。这次，劳动仲裁委员会受理案件，裁决该公司支付白梦经济补偿金5000元。不过，劳动仲裁委员会认为，社会保险是用人单位必须缴纳的，这是《劳动法》的强制性规定，该公司未依法为员工缴纳社会保险，违反了《劳动法》，但是公积金并不是强制性的,没有法律要求用人单位强制缴纳。

二、法理分析

　　《劳动法》第三条规定,劳动者有享受社会保险和福利的权利。同时,《社会保险法》也有相关规定,用人单位应当自行申报、按时足额缴纳社会保险费,非因不可抗力等法定事由不得缓缴和减免。职工应当缴纳的社会保险由用人单位代扣代缴,用人单位应当按月将缴纳社会保险费的明细情况告知本人。这足以说明享受社会保险和福利是劳动者的基本权利,依法为员工缴纳社会保险,是用人单位必须履行的法定义务。

　　本案例中,该公司只为白梦缴纳"三险",少缴失业保险和生育保险,明显违反了《劳动法》和《社会保险法》。所以,白梦应拿起法律武器维护自己的合法权益。那么,为什么白梦第一次申请仲裁和提起诉讼时,劳动仲裁委员会和人民法院都不予受理呢?因为根据《社会保险法》第六十三条规定:用人单位未按时足额缴纳社会保险费的,由社会保险费征收机构责令其限期缴纳或者补足。所以,补缴社保不属于劳动仲裁受理范围,属于行政管理范畴。

　　而之后白梦因该公司未及时足额为自己缴纳社保而单方面解除劳动关系,要求经济补偿,则属于劳动争议。同时,公司未按规定缴纳社会保险费,导致劳动者不能享受工伤、失业、生育、医疗保险待遇时,也属于劳动争议。所以,劳动仲裁委员会受理案件,并支持白梦主张,要求该公司支付其经济补偿金。

三、知识扩展

社会保险五大险种该如何缴纳?

　　社会保险的缴纳标准是不同的,有的由用人单位和劳动者共同缴纳,有的是用人单位为劳动者缴纳。其具体缴纳情况和缴纳比例如下：

（一）养老保险。

养老保险分两个部分缴纳，一部分由用人单位缴纳，另一部分由员工本人缴纳。用人单位部分的费率最高为16%，个人缴纳部分的费率为8%，具体比例由各省、自治区、直辖市人民政府确定。

其缴费金额按照以下公式计算：

缴费金额＝缴费基数×缴费比例（即保险费率）

其中，缴费基数是企业或职工个人用于计算缴纳社会保险费的工资基数，一般按照职工上一年度1~12月的所有工资性收入所得的月平均额来确定。每年确定一次，确定后一年内不得变动。

（二）医疗保险。

基本医疗保险由用人单位和个人分别缴纳保险费，缴纳金额通过缴费基数和缴费比率计算。全国各地不同地区适用的基本医疗保险费率和具体缴费基数不同。

同时，根据国家有关规定，职工个人缴纳的基本医疗保险全部划入个人账户，而单位缴纳的医保的一部分（一般占单位缴费的30%左右）划入个人账户。

（三）失业保险。

失业保险也是由用人单位和个人分别缴纳，通过缴费基数和缴费比率计算保费金额。不同地区的缴费基数和缴费比率也是有所区别的，用人单位需要按照当地社保缴纳系统的规定进行缴费。

同时满足以下几个条件，员工才能享受失业保险：

1.按规定参加了失业保险，所在单位和个人已按规定履行缴费义务满

1年；

2.非因本人意愿中断就业的，比如被用人单位解除劳动合同的、被用人单位开除、除名和辞退的等；

3.已办理失业登记，并有求职要求的。

（四）工伤保险。

工伤保险由用人单位为员工缴纳，其保险费率根据行业差别和风险程度，确定为5个，即0.5%、0.8%、1%、1.5%、2%。缴费基数与养老保险保持一致。

（五）生育保险。

生育保险由用人单位为员工缴纳，其保费根据缴费费率和缴费基数核算。这个问题我们之后将详细讲解。

四、法条链接

《中华人民共和国劳动法》

第七十三条　劳动者在下列情形下，依法享受社会保险待遇：

（一）退休；

（二）患病、负伤；

（三）因工伤残或者患职业病；

（四）失业；

（五）生育。

劳动者死亡后，其遗属依法享受遗属津贴。

劳动者享受社会保险待遇的条件和标准由法律、法规规定。

劳动者享受的社会保险金必须按时足额支付。

《中华人民共和国社会保险法》

第六十三条　用人单位未按时足额缴纳社会保险费的，由社会保险费征收机构责令其限期缴纳或者补足……

五、普法提示

在实践中，很多用人单位把"五险一金"作为一种吸引人才的策略，而绝大部分员工在求职时也会把它作为优先考虑的因素。可是，很多劳动者尤其是刚毕业的大学生，对于"五险一金"并不了解，以至于合法权益被侵害都不自知。那么，作为劳动者需要注意哪些事项呢（如图4-6所示）？

1.明确用人单位依法按时足额地为自己缴纳社会保险，不得出现漏缴、少缴、不缴的情况。

2.如果发现用人单位未按时足额缴纳社会保险，应及时向社会保险费征收机构投诉，要求其责令用人单位进行补缴。

3.明确劳动争议的范围，认识到补缴社保不属于劳动争议。因用人单位未缴纳社会保险，导致自己不能享受各种保险待遇，或解除劳动合同，要求经济补偿，才属于劳动争议，应向劳动仲裁委会申请仲裁。

4.住房公积金不是用人单位的强制义务，不缴纳并不违法。

01 必须依法按时足额缴纳

02 及时责令用人单位补缴

03 补缴社保不属于劳动争议

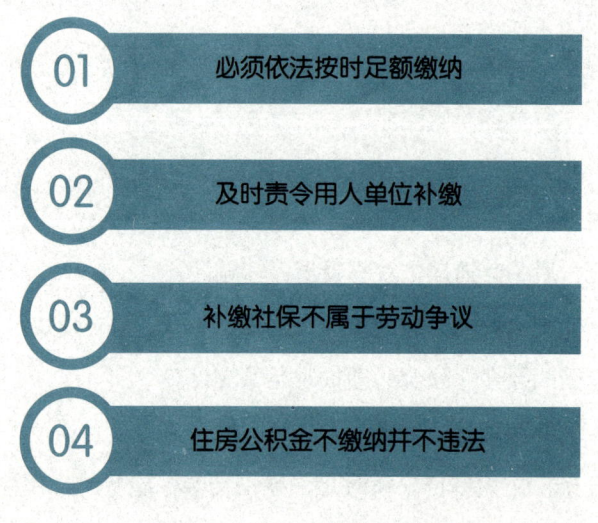

04 住房公积金不缴纳并不违法

图4-6 "五险一金"的注意事项

第五章

法律为职场女性撑起整片天

绝大部分女性都会经历怀孕、生育、哺乳等特殊时期（简称"三期"），在这些时期，女性的身体健康状况、精力都不如以前，无法正常提供劳动，因此我国法律为了保障女职工的权益不受侵害，会对其给予特殊的保护。那么，女职工在"三期"享受哪些"特权"呢？如果这些合法权益受侵害，应如何维权呢？

第一节　孕期、产期、哺乳期，期期有法

孕期、产期和哺乳期，称为女职工的"三期"。与普通员工不同，"三期"女职工往往无法正常为用人单位提供劳动，因此，为保障女职工的权益不受侵害，法律法规对其有特殊保护。

那么，"三期"女职工依法受哪些保护呢？在孕期、产期和哺乳期，女职工可以享受到哪些特别待遇呢？

一、案例

女职工丁墨任职于江苏某信息咨询公司，主要负责工程项目的组织规划，为客户提供信息咨询和项目建议。由于客户分布在全国各地，而丁墨的工作需要现场调研、勘察和考察，所以出差就成了家常便饭。

2023年3月，35岁的丁墨发现已怀孕两个月，因为是高龄产妇，医生告诫她要注意保胎，不宜四处奔波，或从事过于劳累的工作。然而，两个月后，公司接到甘肃的项目，需要公司员工到当地勘察调研一周，丁墨也在这次出差的人员名单中。在她看来，甘肃距离自己居住的城市非常远，需要长途跋涉，而且甘肃气候条件与江苏有很大差异，再加上繁忙的工作，自己已经有四个月身孕，肯定无法承受。于是，丁墨向公司领导申请，取消自己这次出差行程。领导无奈，只好同意。

没过几天，丁墨又接到了出差安排，这次的目的地是浙江，距离江苏不算

远。但是，丁墨还是拒绝了出差安排，并向领导提出由自己的下属代为出差。在她的指导和安排下，下属顺利地完成工作任务，也赢得了客户的赞赏。

然而，公司却以丁墨"不服从工作安排、推卸责任"为由，给予其违纪处罚——将其降职、降薪。接到通知后，丁墨很是愤怒，立即向劳动仲裁委员会申请仲裁。劳动仲裁委员会认为，虽然丁墨并未服从公司安排的出差工作，但是其工作并不具有不可替代性，丁墨的行为也未给公司造成不良后果。而且，女职工在孕期需要静养、不能长途跋涉，也是情理之中。所以，该公司不能因其两次未按照安排出差而认定其违纪，单方面给予其降职、降薪处罚的行为是违法的。

二、法理分析

对于"三期"女职工来说，其生理特点决定了不可能像普通职员一样履行劳动义务。为了对女员工进行特殊保护，法律、法规也做出了一些保护性规定，保护范围包括劳动强度、加班时间、特殊环境工作等。《女职工劳动保护特别规定》第六条规定，女职工在孕期不能适应原劳动的，用人单位应当根据医疗机构的证明，予以减轻劳动量或者安排其他能够适应的劳动。所以，"三期"女职工有权拒绝长距离出差安排，有权拒绝从事强体力劳动，有权拒绝高处、低温作业或者禁忌劳动。

本案例中，丁墨已经35岁，属于高龄产妇，且医生建议其保胎，不宜四处奔波。所以，该公司安排丁墨长距离出差是不合理的，不符合法律关于应当酌情减低"三期"女职工工作量的规定。

同时，根据法律规定，员工不服从工作安排，严重违反公司规章制度，是可以给予违纪处罚，或解除劳动合同的。但是，丁墨两次拒绝出差的行为是合法合理的，且其并未给公司带来损失，该公司认定其行为是违纪，并给予降职、降薪处罚是没有事实依据的，已经构成了违法。

因此，本案例中该公司对孕期女职工的工作安排和降职、降薪处理是不合法的，理应承担相应法律责任。

三、知识扩展

"三期"女职工享有的特殊权益还有哪些？

对于"三期"女职工来说，法律给予特殊权益的法律保障，主要涉及其在生产中的安全与健康。

用人单位不得因"三期"女职工不能从事原工作、不能胜任工作而解除合同。即使在生产困难，用人单位需要裁减员工的情况下，也不得与"三期"女职工解除劳动合同。用人单位不得因女职工怀孕、生育、哺乳降低其工资和福利待遇。对于孕期女职工，法律规定了禁忌从事的劳动范围，比如低温、高温作业，体力劳动强度较大的工作等。

"三期"女职工还可以享受以下特殊权益，包括：享受生育假期和生育保险待遇、产前检查视作劳动时间、有工间休息时间，用人单位不得延长其工作时间或为其安排夜班，用人单位应当酌情减轻其工作量等。

具体来说，"三期"女职工有以下特殊假期：

1.产检假，即在劳动时间内进行产前检查，应当算作劳动时间。

2.产假，女职工生育享受98天产假，其中产前休假15天；难产的，增加产假15天；多胞胎生育的，每多生育一个婴儿，增加产假15天。

3.哺乳假，有不满一周岁婴儿的女职工，用人单位应当在每班劳动时间内给予1小时哺乳时间；多胞胎的，每多哺乳1个婴儿每天增加1小时哺乳时间。哺乳时间和在本单位内哺乳往返途中的时间，算作劳动时间。

四、法条链接

《中华人民共和国劳动法》

第六十一条 不得安排女职工在怀孕期间从事国家规定的第三级体力劳动强度的劳动和孕期禁忌从事的劳动。对怀孕七个月以上的女职工,不得安排其延长工作时间和夜班劳动。

《女职工劳动保护特别规定》

第五条 用人单位不得因女职工怀孕、生育、哺乳降低其工资、予以辞退、与其解除劳动或者聘用合同。

第六条 女职工在孕期不能适应原劳动的,用人单位应当根据医疗机构的证明,予以减轻劳动量或者安排其他能够适应的劳动。

……怀孕女职工在劳动时间内进行产前检查,所需时间计入劳动时间。

第七条 女职工生育享受98天产假,其中产前可以休假15天;难产的,增加产假15天;生育多胞胎的,每多生育1个婴儿,增加产假15天……

五、普法提示

作为职场女职工,在"三期"阶段无法正常工作或不胜任过于劳累的工作时,应及时与用人单位进行协商,维护自身合法权益,保障个人和胎儿健康。同时,女职工应该注意以下几点(如图5-1所示)。

1.在女职工并无严重违纪等行为的情况下,用人单位不能因女职工怀孕、生育、哺乳等情形给予其降职、降薪处罚或与其解除劳动合同。如果遇到类似情况,女职工可以向劳动仲裁委员会申请仲裁。

2.用人单位应依法为女职工足额缴纳生育保险,如果未缴纳,可以要求其承担相应的生育医疗费用。

3.女职工在怀孕期间,身体出现不适,无法适应当前劳动强度,可以主动要求调整工作岗位或减轻劳动强度。用人单位不能因此降低其工资,或予以辞退。

4.女职工在经期，对于无法胜任的工作，比如高温、低温、冷水作业以及劳动强度太大的体力劳动，可以及时与用人单位协商，明确拒绝从事该类工作，以保证自己合法权益和保障自己的身体健康。

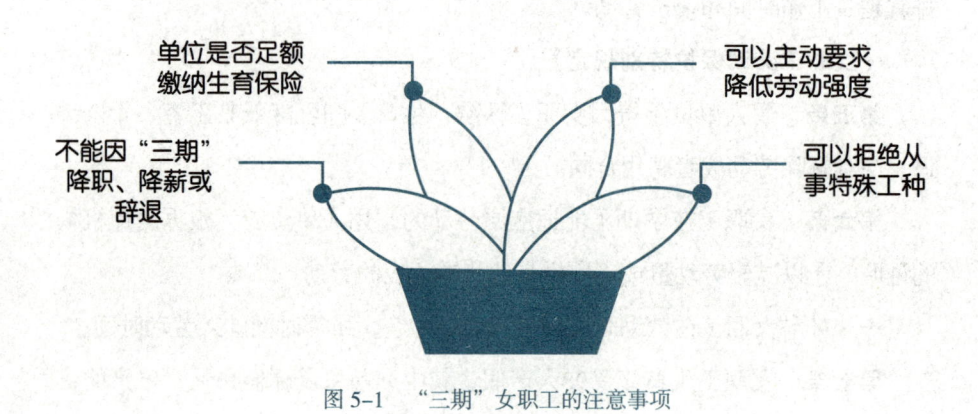

单位是否足额缴纳生育保险

可以主动要求降低劳动强度

不能因"三期"降职、降薪或辞退

可以拒绝从事特殊工种

图 5-1　"三期"女职工的注意事项

第二节　生育保险的缴纳与领取

生育保险是国家通过社会保险立法，对生育职工给予经济、物质等方面帮助的一项社会保险制度。它的宗旨是通过向职业妇女提供生育津贴、医疗服务和产假等方面待遇，保障她们因生育而暂时丧失劳动能力时的基本经济收入和医疗保障。这是国家和社会对于女性在生育这一特殊时期给予的支持与保护。

那么生育保险应该怎么缴纳？又如何领取呢？

一、案例

2021年5月,女职工张苗苗入职某汽车配饰销售公司担任客户经理,双方签订为期3年的劳动合同。之后,该公司为张苗苗缴纳社会保险,但表示每月将从其工资中扣除500元作为生育保险费。

2023年3月,张苗苗生育一子,休完产假的第二个月到当地社保局办理报销手续,却被告知该公司并未为自己缴纳生育保险。于是,张苗苗向当地劳动仲裁委员会提起仲裁申请,要求公司依法支付本应由生育保险基金承担的生育保险待遇。

经了解相关法律,张苗苗发现员工是不需要缴纳生育保险费的,而且公司扣除的所谓500元生育保险费的金额也不准确。于是,她以公司未依法缴纳生育保险费为由提出仲裁申请,要求公司为自己支付生育保险待遇并赔偿经济损失。

劳动仲裁委员会认为,该公司未为张苗苗缴纳生育保险费,使得其未享受到生育津贴和生育医疗费用等待遇,是违法的。同时,该公司以缴纳生育保险费为由,从张苗苗每月工资中扣除500元,也是违法的。因此,劳动仲裁委员会裁定该公司需要依法支付本应由生育保险基金承担的生育保险待遇,并返还其扣除的工资。

二、法理分析

生育保险对于女性员工来说,是非常重要的且不能缺少的保险。它能让女职工在怀孕和分娩期间享受基本的经济和医疗保障。

根据《社会保险法》规定,生育保险费由用人单位为员工缴纳,员工个人不需要缴纳。生育保险主要包括生育津贴和生育医疗待遇,根据《企业职工生育保险试行办法》规定：生育的检查费、接生费、手术费、住院费和药费由生育保险基金支付。超出规定的医疗服务费和药费（含自费药品和营养药品的药费）由职工个人负担。女职工生育出院后，因生育引起疾病的医疗费，由生育保险基金支付；其他疾病的医疗费，按照医疗保险待遇的规定办理。女职工产假期满后，因病需要休息治疗的，按照有关病假待遇和医疗保险待遇规定办理。

那么，在什么情况下，女职工才能享受生育保险待遇呢？

1.用人单位已为职工缴纳一定时间的社保。由于各地政策不同，所以要求缴纳的期限也不同。比如，北京市要求连续缴纳社保9个月，广州市要求累计缴纳社保1年。

2.已办理参保备案，并在当地生育。

3.当地人社局要求的其他条件。

只有同时具备以上几个条件，才能享受生育保险待遇。

另外需要注意的是，生育保险需要用人单位根据全体职工当年工资总额的0.5%~1%缴纳（不同地区，缴纳比例有所不同），不能根据员工个人的基本工资进行缴纳。所以，本案例中，即便该公司将扣除的500元为张苗苗缴纳生育保险费，若是不足额缴纳，也是违法的，应依法给予经济补偿。

三、知识扩展

生育保险待遇如何领取？

生育保险待遇的领取需要依法来进行，作为女职工需要了解生育保险待遇领取的时间、流程以及数额。一般来说，女职工可以在生育的次月办理报销手续，最迟不要超过三个月。职工需要提供相关材料到当地社保局办理报销手续，工作人员受理后，便会尽快支付生育医疗费和生育津贴。

需要提供的材料包括以下内容：本人社保卡；本人当地的银联储蓄卡；

生育女职工、计划生育手术职工本人身份证（原件及复印件）；生育医疗费用票据、费用清单、门诊病历、出院小结等原始资料；生育服务证、出生证明。地区不同，要求提供的材料也会有所不同。

而医疗补助金和生育津贴数额的计算，则需要按照以下公式：

生育津贴＝（上年度参保职工本人月缴纳社会保险费基数÷30天）×享受生育产假的天数

医疗补助金＝上年度参保职工本人月缴纳社会保险费基数×补助月数

注意：顺产补助月数为两个月，难产、剖腹产、多胞胎等补助月数为四个月。

四、法条链接

《中华人民共和国社会保险法》

第五十三条 职工应当参加生育保险，由用人单位按照国家规定缴纳生育保险费，职工不缴纳生育保险费。

第五十四条 用人单位已经缴纳生育保险费的，其职工享受生育保险待遇；职工未就业配偶按照国家规定享受生育医疗费用待遇。所需资金从生育保险基金中支付。

生育保险待遇包括生育医疗费用和生育津贴。

五、普法提示

生育保险是国家和法律规定的在女职工因生育而暂时丧失劳动能力时给予的基本经济收入保障和医疗保障。作为劳动者应了解以下关于生育保险的法律常识（如图5-2所示）。

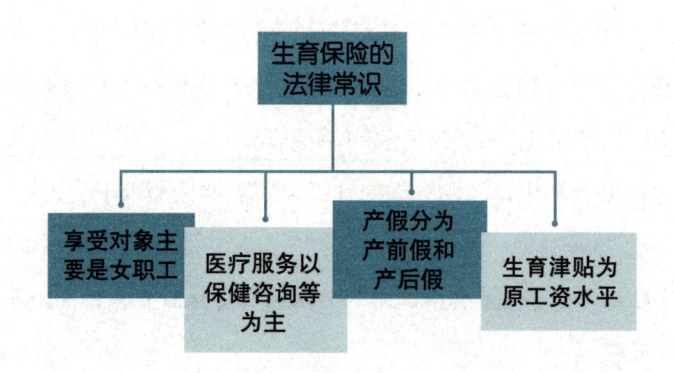

```
                    生育保险的
                    法律常识
    ┌───────────┬───────┴────┬──────────┐
享受对象主    医疗服务以    产假分为    生育津贴为
要是女职工    保健咨询等    产前假和    原工资水平
              为主          产后假
```

图 5-2　生育保险的四个法律常识

1.生育保险的享受对象主要是女职工，不过有些地区允许在女职工生育后，给予配偶一定假期，并发放假期工资。劳动者应了解当地相关法律法规，看自己是否能享受到相关假期和工作。

2.生育期间的医疗服务主要以保健、咨询、检查为主，与医疗保险提供的医疗服务以治疗为主有所不同。怀孕期间的医疗服务侧重指导孕妇处理好工作、休养、保健与锻炼。

3.产假有固定要求，根据产期来安排，分为产前假和产后假。

4.生育保险提供的生育津贴一般为生育女职工的原工资水平，高于其他保险项目。

第三节　流产待遇

女职工有很多特殊时期，除了以上"三期"外，还可能在怀孕时发生流产的情况。女职工怀孕生育后可以享受产假和生育保险，那么如果女职工不小心流产或人工流产，是否可以享受产假和生育保险待遇呢？如果能享受，是否与正常生育享有同等待遇？

对于流产所享受的待遇，很多女职工并不了解，以至于自身合法权益被侵害而不自知。

一、案例

张莉是某环境工程公司会计，已经在公司工作三年，得到老板和领导的信任。张莉不甘心只做出纳工作，想要提升自己的业务能力，寻求更好的发展空间。她准备向着税务会计方面发展，然后成为出色的税务会计师。正当张莉准备大干一场时，发现自己怀孕两个月了，经过深思熟虑和与爱人商量，张莉决定趁年轻先干事业，等过几年再要孩子。

于是，张莉在某天请假做了流产手术，并向公司说明情况，要求休产假。公司人事经理却表示，女职工正常生育后才有产假，流产是没有产假的。张莉只好请了一周病假休养身体，然后就回到公司上班了。回到公司后，张莉询问人事部门自己是否可以申请报销生育保险，也得到否定的答案。

张莉怀着疑惑查阅了相关法律条文，得知流产是可以休产假和报销生育保险的，于是她向劳动仲裁委员会申请仲裁，要求公司补发未休产假的工资，并依法支付自己生育保险待遇。劳动仲裁委员会认为女职工怀孕后，因各种原因流产，需要时间恢复身体，应依法享受休产假待遇，同时，用人单位应支付其医疗费用和生育津贴，故支持张莉的主张。

二、法理分析

有些公司认为女职工正常分娩才有产假，流产没有产假；有些公司规定女职工流产可以休产假，但是未明确规定可以报销生育保险。事实上，这些做法是不合法的。

根据《女职工劳动保护规定》第七条第二款规定：女职工怀孕未满4个月流产的，享受15天产假；怀孕满4个月流产的，享受42天产假。本案例中，张莉怀孕2个月时进行人工流产，未满4个月，所以可以享受15天产假。该公司拒绝其休产假的做法是违法的。

当然，除正常享受产假之外，女职工流产时也应享受生育保险待遇。根据《社会保险法》第五十五条规定，生育医疗费用包括以下几项：生育的医疗费用；计划生育的医疗费用；法律、法规规定的其他项目费用。其中计划生育的医疗费用，是指职工因实行计划生育需要，实施放置或取出宫内节育器、流产术、引产术、绝育及复通手术所发生的医疗费用。

同时，《女职工劳动保护规定》第八条第二款也规定：女职工生育或者流产的医疗费用，按照生育保险规定的项目和标准，对已经参加生育保险的，由生育保险基金支付；对未参加生育保险的，由用人单位支付。

所以，如果女职工出现意外流产或进行了人工流产，应及时向用人单位、社会保障部门申请报销，维护自身合法权益。

三、知识扩展

未婚先孕流产，是否可以享受产假和生育保险待遇？

既然女职工流产可以享受产假和生育保险待遇，那么未婚先孕流产是否也可以享受相同的待遇呢？答案是否定的。

未婚先孕是双方没有办理合法结婚登记手续而怀孕的行为，这种行为是不符合计划生育政策的。《女职工劳动保护规定》第七条规定：女职工怀孕未满4个月流产的，享受15天产假；怀孕满4个月流产的，享受42天产假。同时，《妇女权益保障法》规定，妇女在经期、孕期、产期、哺乳期受特殊保护。所以，女职工在生育期间的产假是法定的，不管其是否登记结婚，只要有怀孕、生育的事实，就依法享受产假。

然而，我国生育保险规定的保险对象为合法婚姻者，即必须符合法定结婚年龄、按照相关法律规定办理合法手续并符合国家计划生育政策的公民。所以说，未婚先育或未婚先孕流产的女职工不能享受生育保险待遇，包括检查费、接生费、手术费、住院费、药费以及生育津贴等（如图5-3所示）。

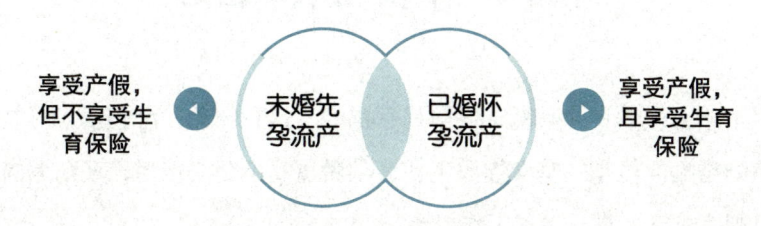

图 5-3　已婚、未婚流产的权益异同

四、法条链接

《女职工劳动保护规定》

第七条　……女职工怀孕未满4个月流产的，享受15天产假；怀孕满4个月流产的，享受42天产假。

《中华人民共和国社会保险法》

第五十五条　生育医疗费用包括下列各项：

（一）生育的医疗费用；

（二）计划生育的医疗费用；

（三）法律、法规规定的其他项目费用。

五、普法提示

女职工流产可以享受产假和正常的工资待遇。产假期满，女职工因身体原因还不能工作的，应该让医院开出证明，这样超出产假期间的待遇才能按照病假待遇处理。除了享受病假的相关待遇外，用人单位还应该根据相关规定给予女职工一定补贴。

第四节　怀孕被辞维权法则

对于绝大多数女性来说，怀孕是幸福的，这意味着自己和爱人将共同孕育爱情的结晶。但是一些女性职工在怀孕后遭受不公平待遇，轻则调岗、降职，重则直接被辞退，失去工作机会。

那么，女性因怀孕被辞退，应如何进行维权呢？

一、案例

于英于2020年3月进入某广告公司担任客户专员，在面试和签订劳动合同时都被告知五年内不得怀孕，否则将被辞退。当时，于英没有男友，结婚都遥遥无期，更何况是怀孕？她认为"五年内不得怀孕"并不是什么大问题，便痛快地与该公司签订了为期三年的劳动合同。

三年后，也就是2023年3月，于英与该公司续签了劳动合同。三个月后，在休年假旅行时偶遇心仪之人，两人一见钟情，迅速进入婚姻殿堂。虽然两人感情持续升温，但于英不打算短期内怀孕，可意外总是不期而至，两个月后，她发现自己竟然怀孕了。

经与爱人商量，于英决定生下宝宝。于是，她将意外怀孕的事实告知上司与老板，表示自己可以接受调岗降薪的安排。没想到老板认为于英不诚信，违反当初面试和签合同时的规定，提出与其解除劳动合同，并拒绝支付经济赔偿。

于英不同意解除劳动合同，与老板多次协商未果。一气之下，于英向当地劳动仲裁委员会申请仲裁，要求该公司继续履行劳动合同。劳动仲裁委员会认为，根据法律规定，女职工在孕期、产期、哺乳期内，用人单位不得解除劳动合同，这是国家和法律对于"三期"女职工的特殊保护。因此，劳动仲裁委员会支持于英的请求，该公司应继续履行劳动合同，并保障其"三期"内的合法权益。

二、法理分析

本案例中，于英接受了"五年内不得怀孕"的规定，但是这个规定是违法的，干涉了女性的生育自由，侵害了女性的生育权。即便该公司在劳动合同中约定了这一条款，其条款也是无效的，不得以此为由与员工解除劳动合同。

作为普通公民，于英有权在工作期间结婚、怀孕，公司不能因此与其解除劳动合同。所以，于英向劳动仲裁委员会申请仲裁，要求公司继续履行合同的行为是非常正确的。除此之外，于英还可以要求该公司支付工资损失到合同再继续履行时。比如，该公司决定与于英解除劳动合同后，于英于2023年8月7日便不再继续工作。经仲裁委员会裁定，该公司继续履行与于英的合同，促使于英于10月3日重回工作岗位。那么，该公司还需要支付其8月7日到10月3日期间的工资损失。如果于英不愿意继续在该公司工作，按《劳动合同法》第八十七条规定，该公司应当按照经济补偿标准的二倍向劳动者支付赔偿金。

至于选择哪一种维权方式，取决于员工未履行完的劳动合同期限的长短及在用人单位的工作年限长短。如果未履行完的合同期较长，但工作年限较短，最好是选择第一种维权方式。如果是工作年限较长，那么选择按经济补偿标准的双倍赔偿比较好。

三、知识扩展

任何情况下，用人单位都不能辞退怀孕的女职工吗？

怀孕的女职工虽然受到法律法规的特殊保护，但是这种特殊保护并不是无原则的。也就是说，并不是任何情况下，用人单位都不能与其解除劳动关系。根据《劳动合同法》第三十九条规定，如果于英严重违反用人单位规章制度、严重失职，给公司带来重大损失，那么法律是不对其进行特殊保护的。

假设，于英以怀孕为由，工作态度消极，拒绝承担应承担的工作任务，严重拖累团队工作进度，给公司带来重大经济损失；或者于英以身体不适为由，时常迟到早退，未办理请假手续便擅自休假、旷工，那么该公司就可以与其解除劳动合同。即便于英提出申诉，劳动仲裁委员会也不会支持。

需要说明的是，于英在孕期若是不能胜任原本工作岗位，经协商一致，该公司可以对其岗位进行合理调整。但是，不能单方面进行调岗，更不能以调岗为由对其进行降薪处理。

四、法条链接

《中华人民共和国劳动合同法》

第四十二条 劳动者有下列情形之一的，用人单位不得依照本法第四十条、第四十一条的规定解除劳动合同：

（一）从事接触职业病危害作业的劳动者未进行离岗前职业健康检查，或者疑似职业病病人在诊断或者医学观察期间的；

（二）在本单位患职业病或者因工负伤并被确认丧失或者部分丧失劳动能力的；

（三）患病或者非因工负伤，在规定的医疗期内的；

（四）女职工在孕期、产期、哺乳期的；

（五）在本单位连续工作满十五年，且距法定退休年龄不足五年的；

（六）法律、行政法规规定的其他情形。

第八十七条 用人单位违反本法规定解除或者终止劳动合同的，应当依照本法第四十七条规定的经济补偿标准的二倍向劳动者支付赔偿金。

五、普法提示

女职工在孕期，抵抗力、免疫力降低，身体比较笨重、虚弱，稍有不慎，就会出现各种问题，甚至危及生命安全。因此，根据我国相关法律法规的规定，女职工在特殊时期受特殊保护，任何用人单位都应根据其生产工作特点，依法保护其在工作和劳动时的安全与健康，不得安排不适合孕期女职工从事的工作和劳动，具体如下（如图5-4所示）。

孕期女职工不适合的工作：

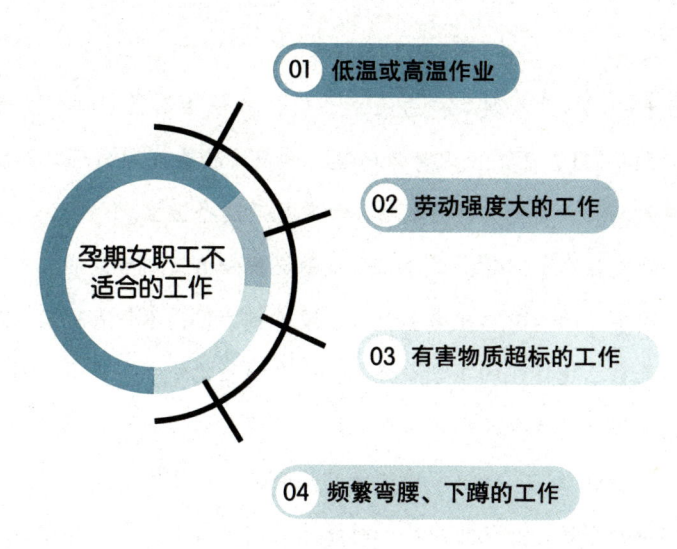

01 低温或高温作业

02 劳动强度大的工作

03 有害物质超标的工作

04 频繁弯腰、下蹲的工作

图5-4 孕期女职工不适合的四种工作

如果用人单位不顾及女职工的身体情况，强行让女职工从事在孕期禁忌从事的劳动，女职工就可以拿起法律武器维护自身权益。

第五节　隐瞒怀孕或有法律风险

女职工在怀孕、生产、抚育婴儿时，往往不能提供正常劳动，或不被安排重要工作任务与岗位，因此很多女职工在发现怀孕后会选择隐瞒。那么，这样的情况是否涉及"不如实说明自身身体健康状况"呢？用人单位若是以隐瞒怀孕为由解除劳动关系，女职工又如何进行维权呢？

一、案例

方眉于2020年9月入职某广告策划公司，担任活动策划部门主管，月薪9000元。2022年7月，方眉发现身体不适，到医院检查发现自己怀孕将近两个月。方眉很是高兴，与丈夫商量之后，决定生下这个宝宝。

可是，她面临一个问题：近期公司有意提拔一名策划部经理，考察对象是她与另一名同事。两人工作能力和业绩表现不相上下，谁都有可能成为晋升的那一个。如果自己将怀孕的事告知公司，那么明显就处于劣势了。因为任何公司都不可能提拔一个怀孕、即将休产假的员工为策划部经理。

然而，方眉也知道，错过了这次晋升机会，自己还需要等很久。于是，她决定隐瞒怀孕的事实，并认为自己平时身体素质非常好，即便怀孕，也不会耽误正常工作。而且，在产假期间，也可以在家里处理相关工作。

一个月后，方眉在晋升竞争中获胜，成功被提拔为策划部经理。晋升后的最初两个月，方眉仍能正常工作，并把工作做得非常好。可随着怀孕月份的增长，方眉的身子越来越重，多少有些"显怀"。再加上负责一个大项目的策划方案执行，她感觉身体越来越疲惫，最后在与客户的方案讨论会上因身体不适而晕倒。方眉被同事们送到医院，被告知有先兆流产的征兆。直到这时，公司才知道方眉已经怀孕五个多月了。

事后，公司领导认为方眉隐瞒怀孕而获得晋升资格，且不能胜任策划部经理职位，将其降职为策划部主管，工资也下调为9000元。方眉认为公司的行为是不合理的，多次协商未果后，选择向当地劳动仲裁委员会申请仲裁。

二、法理分析

本案例中，方眉隐瞒怀孕而获得策划部经理职位，是否合理？该公司以此为由将其降职、降薪，是不是违法呢？

首先，我们需要明确一点，怀孕是女性公民所享有的基本权利，也是基本人权。并且女职工的怀孕问题是个人隐私，不属于《劳动合同法》中"劳动者应当如实说明"的情况，所以，对于是否怀孕这个问题，员工是有权不予告知用人单位的。也就是说，入职时、在职时女职工隐瞒怀孕的事实并不违法，任何用人单位都不能以怀孕为由对其进行降职、调岗、辞退的处理。

但需要注意的是，如果员工入职时，应聘的岗位不适合孕妇从事，比如礼仪、前台等，且用人单位提前告知其岗位性质，员工再故意隐瞒怀孕事实，那么便涉嫌入职欺诈，用人单位可以与其解除劳动合同。

本案例中，方眉升职的岗位并不属于孕妇禁忌的岗位或者不适合孕妇从事的岗位，那么是否怀孕，属于她个人的隐私范围，所以她有权不予告知。虽然这是不诚信，但是不能按照欺诈处理，公司不能以此理由来将其降职、降薪。

三、知识扩展

辞职后发现怀孕还能反悔吗？

在实际工作中，女职工可能遇到类似情况：因种种原因提出离职，与公司协商解除劳动关系，但在办理离职手续后发现自己怀孕了。这时，女职工能反悔，并要求公司继续履行劳动合同吗？

答案是否定的。

虽然法律规定"三期"内，用人单位不得依照《劳动合同法》第四十条、第四十一条的规定解除劳动合同，但是并未禁止双方协商一致解除劳动关系或劳动者自己提出离职。也就是说，"三期"内若是女职工主动提出离职，用人单位是可以与其解除劳动关系的。如果女职工自己提出离职，且双方已经协商一致解除劳动关系，那么便已经认定辞职行为生效。其反悔行为是无理的，不会得到法律支持。

但是，如果女职工是劳动合同期满终止后，发现自己在劳动合同期满之前已经怀孕，那么，劳动合同就应该顺延到"三期"届满。因为《劳动合同法》第四十五条明确规定，劳动合同期满，女职工在孕期、产期、哺乳期的，劳动合同应顺延至相应的情形消失时终止。比如，方眉与该公司签订为期三年的劳动合同，期满后选择不续签，直接走人。可是，一个月后，方眉发现自己已怀孕两个月，也就是在劳动合同期限内怀孕。这时，她可以要求劳动合同顺延到哺乳期满，并要求该延续期为自己在本公司的连续工作时间。

四、法条链接

《中华人民共和国劳动合同法》

第四十五条　劳动合同期满，有本法第四十二条规定情形之一的，劳动合同应当续延至相应的情形消失时终止……

五、普法提示

除特殊情况外，女职工对于是否怀孕的事实，没有必须告知用人单位的义务。但是，女职工最好不要隐瞒怀孕，要及时将怀孕事实告知用人单位，因为这是一种自我保护。在怀孕时，女职工需要产检，需要减少加班，需要避免做过于繁重的工作。用人单位知晓女职工怀孕的事实，才能对女职工进行保护和照顾，同时有利于女职工之后休产假，有利于其享受生育保险待遇。

另外，在怀孕期间，女职工也应该遵守公司的规章制度，不应仗着公司给予的照顾而经常迟到早退、不请假就旷工，或者工作态度不积极、对工作不尽职尽责。否则的话，怀孕也不能成为女职工的"保护伞"，因为公司可以依法开除严重违反规章制度的职工。

第六章

劳动纠纷与责任划分

劳动者与用人单位针对各种问题的劳动纠纷时有发生,对于劳动纠纷的责任问题,双方也是各有各的理。想要辨清这个"理",划分好责任,就需要运用法律这个"武器",针对劳动纠纷进行分析和处理,让各自合法权益得到维护。

第一节　员工导致企业受损的赔偿

作为劳动者，在工作时应尽职尽责，做好本职工作，且提高责任意识与安全意识，避免出现差错。但凡事都有一个意外，由于种种原因，劳动者可能在工作中犯错或存在过失，导致企业遭受经济损失。那么，在劳动者因个人过错导致企业受损失的情况下，是否需要承担赔偿责任呢？

一、案例

杨瑞是某科技公司的销售经理，2023年5月与团队一起谈成与某大型企业（B公司）的合作项目，经过几番协商，约定于5月23日签订书面合同。当天上午9点，杨瑞驾车前往约定好的签约地点，途中因违规变道、严重超速与他人发生交通事故。

事故不仅导致签约事宜被耽误，项目合作被取消，还导致对方车辆驾驶员受伤，被送往医院治疗。事后，交通部门认定杨瑞对事故负全部责任，应承担交通事故的赔偿责任。因为杨瑞是在履行公司职务时对他人造成的伤害，经人民法院判定，由该科技公司承担交通事故的赔偿责任，向受害人支付赔偿金58000元。

而该公司认为，杨瑞是因为违规变道、严重超速才与他人发生交通事故，其有过错在先，应个人支付相应赔偿。同时，公司负责人认为杨瑞因个人过错导致事故发生，对于签约耽误、项目取消负有不可推卸的责任。因为该项目取消,造成该公司直接经济损失达到65000元,杨瑞理应对公司承担赔偿责任。

双方各持己见,协商未果。于是,该公司向人民法院起诉,要求杨瑞承担因个人过错导致的经济损失65000元,并承担支付给对方驾驶员的赔偿金58000元。经审理,法院认为因杨瑞的过失行为给该公司造成的损失是客观存在的,且劳动合同中约定"因员工个人原因给公司造成经济损失的,公司可以要求其赔偿经济损失",所以确认杨瑞应按照法律规定和劳动合同承担赔偿责任。最后,法院判定杨瑞应对项目取消的损失承担70%责任,对造成他人损害承担100%责任,即支付公司经济赔偿103500元。

二、法理分析

在实践中,劳动者给用人单位造成损失的情形主要包括以下三种:一是劳动者违法解除劳动合同导致企业损失,比如劳动者未履行提前通知义务,直接离开工作岗位;二是劳动者违反相关约定导致企业损失,比如劳动者泄露用人单位商业秘密,导致企业失去市场竞争优势或客户资源而产生经济损失;三是在劳动合同履行过程中,因劳动者职务行为导致企业损失,比如劳动者在与他人进行业务行为时被骗,导致经济损失。以上案例属于第三种情形。

前两种情况,通常是员工离职后发生的,双方劳动关系已解除,用人单位可以追究其损失赔偿责任。而第三种情况中,如果员工存在过错,或故意给用人单位造成经济损失,应当承担赔偿责任。因为《工资支付暂行规定》第十六条中:因劳动者本人原因给用人单位造成经济损失的,用人单位可按照劳动合同的约定要求其赔偿经济损失。同时,根据《中华人民共和国民法典》规定,如果员工在履行职务的过程中因故意或重大过失给第三人造成损害,用人单位向第三人承担赔偿责任后,有权向劳动者追偿。

如果劳动者的行为是故意的，应对用人单位的损失承担全部责任；如果是重大过失给用人单位造成损害，则应根据劳动者的收入水平、从事行业的风险高低、用人单位的管理疏漏情况、造成损害的程度等因素综合判定应承担的比例。

三、知识扩展

员工需要承担赔偿责任的比例如何判定？

员工造成企业经济损失后，是否承担赔偿责任，承担多少赔偿责任，首先与其是否故意或是否存在重大过失有关。

对于故意的情况，不难理解，员工必须承担相应赔偿责任。若是情节严重，可能涉及职务犯罪，则需要承担刑事责任。比如，员工故意破坏机器设备，导致生产中断，造成企业经济损失严重的。

而过失，是指在正常情况下责任人在法律行为能力范围内能够预见而没有预见，或已经预见但轻信事故不会发生而未采取措施，所造成事故及损失的情形。重大过失是过失程度比较大的、可以避免的过失。本案例中，杨瑞因为违反交通规则导致交通事故，并导致未能与合作伙伴签订合同，丢失了项目，属于重大过失，理应赔偿该公司相应损失。

其次，要看用人单位是否存在制度与管理的不当之处。如果用人单位的制度存在问题，或者管理存在漏洞，导致员工产生重大过失，那么用人单位也应承担一定比例的赔偿责任。本案例中，所产生经济损失与用人单位制度及管理无关，所以用人单位不需要承担赔偿责任。

最后，要考虑劳动者的过错与用人单位管理不当的程度对比，并结合损失后果、双方对于分担损失的承受能力等因素进行综合考虑，确定赔偿比例。本案例中，杨瑞因个人过失而造成的损失高达123000元，而杨瑞的每月工资为8000元。而且，杨瑞的过错不是出于主观故意，所以法院判定其对项目丢失的损失承担70%的责任是合理的。

四、法条链接

《工资支付暂行规定》

第十六条 因劳动者本人原因给用人单位造成经济损失的，用人单位可按照劳动合同的约定要求其赔偿经济损失。经济损失的赔偿，可从劳动者本人的工资中扣除。但每月扣除的部分不得超过劳动者当月工资的20%。若扣除后的剩余工资部分低于当地月最低工资标准，则按最低工资标准支付。

《中华人民共和国民法典》

第一千一百九十一条 用人单位的工作人员因执行工作任务造成他人损害的，由用人单位承担侵权责任。用人单位承担侵权责任后，可以向有故意或者重大过失的工作人员追偿。

五、普法提示

在职场中，尤其是履行职务的过程中，员工不仅代表个人，更代表着企业，其一言一行都可能给企业带来好的或坏的影响，甚至带来一些经济损失。因此，在日常工作中，员工应该做到以下几点（如图6-1所示）。

图6-1 员工日常工作要注意的五点

1.应当遵守相应的规章制度，审慎地完成工作任务，避免出现因疏忽大意而引起的重大过失。

2.在履行职务过程中，一定要谨慎小心，强化风险意识，严格按岗位职责要求履职，树立尽职尽责、全心全意的工作态度。

3.增强法律意识，遵守法律法规，不管是在工作中还是生活中都避免触犯法律或发生意外事故。

4.一旦因个人过失导致用人单位产生经济损失，要勇于承担相应赔偿责任，而不是逃避责任。

5.当然，若是经济损失并非个人原因造成，或是与企业管理混乱、工作程序或管理机制存在漏洞有关，也应充分承担举证义务，维护自身合法权益。

第二节　拖欠工资谁来管

拖欠工资一般指无故拖欠工资，即用人单位不依法按期或者足额支付劳动者工资的行为。虽然自从《劳动合同法》颁布后，大多数用人单位都能按时、足额地发放劳动者的工资。但是，由于种种原因而拖欠员工工资的行为并非不存在，尤其是微小企业，生产经营出现问题时，可能出现不按时发放工资的情况。还有一些私人企业，往往会不按期发放进城务工人员的工资。

那么，用人单位拖欠工资，作为员工应该找谁来为自己"主持公道"呢？

一、案例

2022年7月，陈冰与两名同村伙伴来到某物流公司做货运司机，双方签订为期三年的劳动合同。合同约定，陈冰与伙伴每月工资4500元，按照公司安排前往外省各地运输货物。三个月后，公司由于疫情原因业务量骤降，资金周转困难，与员工约定每个月只能按照70%的标准发放工资。

为了让员工们放心，公司向大家做出书面承诺，承诺其余30%的工资将在资金周转问题解决后一次性结清。陈冰等人体谅公司难处，而且工作并不好找，便痛快接受这一约定，每月只领取70%的工资。

2023年2月5日，陈冰看公司业务量有所回升，于是向公司提出恢复100%工资，并补发之前四个月少发的工资。公司没有同意，表示虽然业务量有所回升，但资金周转还是有些困难，希望陈冰能体现公司的苦衷。又过了两个月，陈冰再次要求足额发放工资，补发少发的工资，仍遭到拒绝。

为了防止该公司恶意拖欠，陈冰与两名同伴向当地劳动仲裁委员会申请仲裁。劳动仲裁委员会支持陈冰等人主张，要求该公司立即补发所欠工资。该公司称已书面与员工约定，等资金周转问题解决后，再一次性结清所欠工资。目前公司业务量虽有所增加，但资金周转仍存在问题，没有条件补发所欠工资。于是，该公司向人民法院起诉，主张仍按照70%的标准发放工资。

二、法理分析

该公司的主张会得到人民法院的支持吗？

显然是不能的。

根据《劳动法》规定，工资应该以货币形式按月支付给劳动者本人，任何用人单位不得克扣或无故拖欠。那么，拖欠工资多久才能算违法？《劳动法》规定工资按月支出，也就是说，工资应当以月薪的形式发放，那么，用人单位应当在自然月结束的30天内结算工资，超过30天即构成拖欠工资。

当然，无故拖欠劳动者工资不包括以下情况：一是用人单位遇到非人力所能抗拒的自然灾害、战争等原因，无法按时支付工资；二是用人单位确因生产经营困难、资金周转受到影响，在征得本单位工会或劳动者本人同意后，可暂时延期支付劳动者工资。延期时间的最长限制可由各省、自治区、直辖市劳动保障行政部门根据各地情况确定。

本案例中，该物流公司因为疫情原因导致资金周转出现问题，且征得员工们同意，是可以暂时延期支付足额工资的。然而，这个期限并不是该公司说了算的，不是公司说什么时候补齐所欠工资就什么时候补齐。该公司业务量有所增加，资金周转状况有所好转，在员工要求其全额发放工资并补齐所欠工资时，就应该依法进行发放和补发。

该公司多次拒绝发放和补发的行为，侵害了陈冰等员工的合法权益。劳动仲裁委员会的裁定是合理的，人民法院不会支持该公司继续按照70%的标准发放工资的主张。

三、知识扩展

用人单位无故拖欠工资谁来管？

如果劳动者遇到用人单位拖欠工资的情形，千万不要行为过激，拉横幅、大吵大闹都是不合理的，也是不合法的。最好的办法就是拿起法律武器来维护自身权益。劳动者可以利用以下途径来维权：

1.向劳动部门的保障监察大队投诉，执法监察人员会帮助协调解决，责令用人单位补发所欠工资。

2.如果劳动监察大队协调不成的，可以向当地劳动仲裁委员会申请劳动仲裁。

3.如果用人单位对于劳动仲裁拒不执行，还可以向人民法院提起诉讼。

4.另外，劳动者可以拨打人力资源和社会保障局的电话12333进行投诉。

那么，员工遇到拖欠工资的情形，是否可以直接向人民法院起诉呢？

是不可以的。拖欠工资属于劳动争议。根据《劳动争议调解仲裁法》规定，发生劳动争议，当事人不愿协商、协商不成或者达成和解协议后不履行的，可以向调解组织申请调解；不愿调解、调解不成或者达成调解协议后不履行的，可以向劳动争议仲裁委员会申请仲裁；对仲裁裁决不服的，除本法另有规定的外，可以向人民法院提起诉讼。

也就是说，对于劳动争议，我国采取协商、调解、仲裁、诉讼的处理机制。协商、调解不是必经程序，但是劳动争议仲裁程序是诉讼的前置程序。当事人只有申请仲裁后对仲裁裁决不服时，才可以在收到裁决书起15日内向人民法院提起诉讼。

四、法条链接

《中华人民共和国劳动合同法》

第八十五条 用人单位有下列情形之一的，由劳动行政部门责令限期支付劳动报酬、加班费或者经济补偿；劳动报酬低于当地最低工资标准的，应当支付其差额部分；逾期不支付的，责令用人单位按应付金额百分之五十以上百分之一百以下的标准向劳动者加付赔偿金：

（一）未按照劳动合同的约定或者国家规定及时足额支付劳动者劳动报酬的；

（二）低于当地最低工资标准支付劳动者工资的；

（三）安排加班不支付加班费的；

（四）解除或者终止劳动合同，未依照本法规定向劳动者支付经济补偿的。

《中华人民共和国劳动争议调解仲裁法》

第五条 发生劳动争议，当事人不愿协商、协商不成或者达成和解协议后不履行的，可以向调解组织申请调解；不愿调解、调解不成或者达成调解协议后不履行的，可以向劳动争议仲裁委员会申请仲裁；对仲裁裁决不服的，除本法另有规定的外，可以向人民法院提起诉讼。

五、普法提示

用人单位有按时足额发放员工工资的义务，不管是有意还是无意，拖欠工资都属于违法行为。作为员工应该增强法律意识，依法维护自身权益，同时注意以下几点（如图6-2所示）。

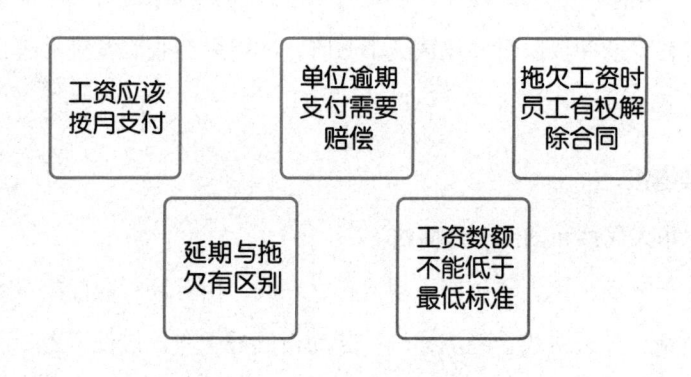

```
┌──────────┐      ┌──────────┐      ┌──────────┐
│ 工资应该 │      │ 单位逾期 │      │ 拖欠工资时│
│ 按月支付 │      │ 支付需要 │      │ 员工有权解│
│          │      │   赔偿   │      │  除合同  │
└──────────┘      └──────────┘      └──────────┘

            ┌──────────┐      ┌──────────┐
            │ 延期与拖 │      │ 工资数额 │
            │  欠有区别│      │ 不能低于 │
            │          │      │ 最低标准 │
            └──────────┘      └──────────┘
```

图6-2　工资发放需要注意的五点

1.员工工资的支付周期为按月支付，具体支付日期为合同上约定的日期。遇到节假日、休息日时，应提前在最近工作日支付。

2.用人单位未按照约定支付工资，除需要支付逾期未付的工资外，还需要支付经济赔偿。

3.用人单位未及时足额支付劳动报酬，员工有权单方面解除劳动合同。但需要注意的是，员工不能因为用人单位未及时足额支付劳动报酬就擅自离岗，仍需要遵守相关规章制度。

4.延期支付和拖欠工资是有区别的，我们需要明确本地工资支付条例的标准，判定其行为是延期支付还是未足额支付。延期支付是有时间限制的，且要征得工会或职工代表大会同意。如果没有工会或职工代表大会，必须征得员工本人同意。

5.用人单位应发工资不能低于法律底线，即不得低于国家或本地的最低工资标准。

第三节　休病假要合理合法

生老病死是人生的自然规律，在日常生活中劳动者难免会遭受疾病的困扰。而一生病，便会耽误正常工作，需要休病假。正常的小病小灾，可以根据医生诊断证明请病假，用人单位应予以批准。病假期间，用人单位正常发放工资。

那么，如果员工生病，病得比较严重，需要长时间休病假，会面临被辞退的风险吗？是否有相关法律，规定员工有一定期限的特定病假期，给予其一些特殊的保护呢？

一、案例

2020年7月1日，曹斌大学毕业后入职某建设发展公司，职位是财务部会计，签订三年的劳动合同，合同期限自2020年7月1日至2023年6月30日。

2022年2月，曹斌因腰部疼痛、下肢麻痹向公司申请休病假一个月，并提交医生开具的诊断证明和当地某人民医院的病例、就诊记录等证明。该公司批准其休病假的请求，并依法支付其薪资报酬。休假期满后，曹斌回到公司继续工作，但因缺乏休息、长时间端坐，三个月后腰痛病复发，被确诊为腰间盘突出。

6月15日，曹斌再次请求休病假两个月，公司予以批准。假期结束后，公司领导要求曹斌回公司上班，可是曹斌感觉自己病情并未好转，表示想要继续请假一个月。而公司领导则表示，曹斌在本公司工作年限不超过五年，法律规定的医疗期为三个月。曹斌两次请病假，加起来共计三个月，继续休假是不合理的，理应回公司上班。

曹斌表示自己身体未恢复健康，需要继续在家休养，于是通过发短信的形式向公司请假，内容为"医生嘱咐让休息一个月"。期间，公司两次要求曹斌回公司上班，曹斌都未能前去上班，只是发短信或打电话表示自己要请病假。公司要求曹斌提供医生诊断证明或带有医生签字的医嘱，曹斌只是通过微信发送了第二次休病假时开具的病历本和就诊记录。

等到2022年10月19日，公司向曹斌发出解除劳动合同的通知，理由是曹斌在医疗期满后长时间请病假，且无法提供真实有效的医生诊断证明、就医记录或病假建议书等就医证明资料。公司认定曹斌虚假请假、旷工，严重违反了公司的规章制度，所以进行解除劳动合同处理。

曹斌不服，向当地劳动仲裁委员会申请劳动仲裁，要求认定公司违法解除劳动关系，并要求公司支付经济赔偿金。

二、法理分析

曹斌因患病停止工作且长期休病假，是合理的吗？

我们需要把曹斌休病假分为两个阶段：

第一个阶段为2022年2月~3月休假的一个月和6月15日~8月15日休假的两个月，这三个月是法律赋予曹斌的特定病假期，即医疗期。

在医疗期内，用人单位不得与员工解除劳动关系，需要依法发放员工的工资，不得随意拖欠和扣减。按照相关法律规定，医疗期的工资可以低于当地最低工资标准，但不能低于当地最低工资标准的80%。也就是说，这三个月病假期是曹斌合法休的，而该公司也批准了他休假，依法发放其工资。

第二个阶段为2022年8月15日~10月19日，在医疗期满后，公司要求其回公司上班，曹斌仍以"病情未好转""医生建议休息"为由休病假。

根据《关于贯彻〈企业职工患病或非因工负伤医疗期规定〉的通知》规定，对于患有特殊疾病的员工，比如癌症、精神病、瘫痪等，在24个月内尚不能痊愈的，经企业和劳动主管部门批准后，是可以适当延长医疗期的。对于延长医疗期，企业也有一定自主权，可以根据当地规定、员工对于企业的贡献来确定延长医疗期的长短。但是，曹斌的这种情况并不属于合理延长医疗期，并不适用这一规定。

曹斌在累计休满三个月医疗期后，继续向公司申请病假，新的病假不在医疗期内，不受这一规定保护，所以公司有权与其解除劳动合同。虽然曹斌多次发短信或打电话请病假，且提供相关医疗资料，但是其医疗资料是6月15日第二次休病假时的资料，之后并无新的、有效的资料证明其确实需要休养。所以，该公司认定其虚假请病假、旷工也是合理的，可以依法解除劳动关系。

三、知识扩展

关于医疗期，还有哪些需要注意的？

医疗期并不等同于病假。医疗期是法律概念，是法律赋予劳动者一定期限的特定病假期，期间劳动者享受相关劳动法规规定的一些特殊保护。病假是医学概念，是医生出具证明后劳动者可以停止工作休假养病的期限。

日常工作中，员工因为感冒、发烧等小病短时间请假一两天或一周，属于普通的请病假，并不需要按照医疗期来计算。

根据《企业职工患病或非因工负伤医疗期规定》的相关规定，劳动者的医疗期为3个月~24个月，医疗期的长短与员工的实际工作年限有关。实际工作年限10年以下的，在本单位工作年限5年以下的，医疗期为3个月；5年以上的，医疗期为6个月。实际工作年限10年以上的，在本单位工作年限5年以下的，医疗期为6个月；5年以上10年以下的，医疗期为9个月；10年以上15年以下的为12个月；15年以上20年以下的为18个月；20年以上的为24个月（如表6-1所示）。

表6-1 工作年限与医疗期对应表

实际工作年限	本单位工作年限	医疗期期限
10年以下	5年以下	3个月
	5年以上	6个月
10年以上	5年以下	6个月
	5年以上10年以下	9个月
	10年以上15年以下	12个月
	15年以上20年以下	18个月
	20年以上	24个月

在计算医疗期时，需要从病休的第一天算起，包括公休、假日和法定节日。员工可以连续休病假，也可以间断性休病假。

医疗期满后，员工能从事原工作，用人单位可以安排其从事原工作。如果员工不能从事原工作，用人单位可以另行安排其他工作岗位。如果员工不能从事原工作，也不能从事另行安排的工作，用人单位应当根据劳动鉴定委员会对其劳动能力的鉴定，合法合理对员工进行安排，或办理退休手续，或解除劳动合同。

四、法条链接

《企业职工患病或非因工负伤医疗期规定》

第二条 医疗期是指企业职工因患病或非因工负伤停止工作治病休息不得解除劳动合同的时限。

第三条 企业职工因患病或非因工负伤，需要停止工作医疗时，根据本人实际参加工作年限和在本单位工作年限，给予三个月到二十四个月的医疗期：

（一）实际工作年限十年以下的，在本单位工作年限五年以下的为三个月；五年以上的为六个月。

（二）实际工作年限十年以上的，在本单位工作年限五年以下的为六个月；五年以上十年以下的为九个月；十年以上十五年以下的为十二个月；十五年以上二十年以下的为十八个月；二十年以上的为二十四个月。

五、普法提示

员工因患病或非因工负伤停止工作，有权依法休假，并获得劳动报酬。但是，员工也应该提升法律意识，在维护自身权益的同时，依法休假，不弄虚作假，不侵害公司的合法权益。具体来说，应该做到以下几点（如图6-3所示）。

1. 保留医疗资料：因病到医院就诊时，要保留相关医疗资料，包括病历本、医生诊断证明、就医记录、病假建议书等。

2. 依法开具假条：千万不要虚开病假条，更不要涂抹、修改、买卖病假条。

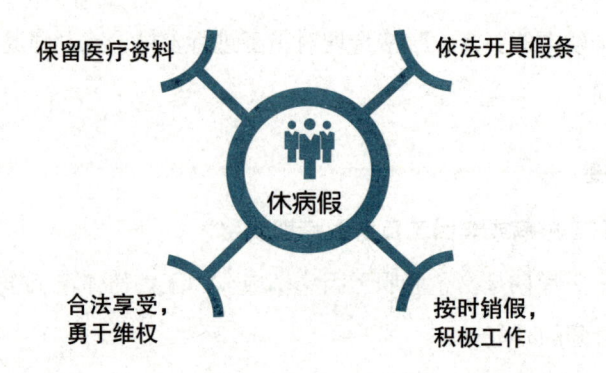

图 6-3　休病假要注意的四点

3.合法享受，勇于维权：合理利用医疗期，合法享受法律给予自己的特殊保护。若是用人单位在医疗期违法解除劳动合同，或少发、拒发工资，应拿起法律武器来维权。

4.按时销假，积极工作：遵守相关法律法规和公司规章制度，按时销假，积极回到公司工作，而不是恶意休病假和偷奸耍滑。

第四节　工伤的认定

现实生活中，不少工作岗位存在着不安全因素，受到人身伤害或患职业病的员工不在少数。而为了保证劳动者的合法权益，我国法律规定用人单位应承担为职工缴纳工伤保险的责任。

所谓工伤，是指与用人单位存在劳动关系的劳动者在工作期间、工作地点因工作原因发生人身伤害事故、急性中毒事故。从以上定义来看，工伤的认定需要满足两个条件：一是劳动者是否与用人单位存在劳动关系；二是劳动者所受到的伤害是否是在工作时间、工作地点因工作原因所导致的。

一、案例

夏奇是某汽车销售公司的销售员，双方签订为期三年的劳动合同，公司为夏奇缴纳工伤保险。夏奇的家距离公司比较远，经常开车上下班。一天早上，夏奇照常开车上班，经过一个红绿灯路口时，与一辆闯红灯的车辆相撞。经了解，对方驾驶员因为要参加一个重要会议，车速比较快，到路口时遇到绿灯变为红灯时打算抢绿灯，以至于红灯亮起时，因为车速太快，未能及时刹车，与绿灯通行的夏奇的车撞在一起。

此次事故中，夏奇与对方驾驶员都受伤严重，经过几个月的治疗、休养，夏奇才康复出院。期间，交警认定事故由对方负全责，对方驾驶员应依法赔偿夏奇的全部医疗费、误工费、营养费等费用。后来，夏奇回到公司上班，认为自己是在上班途中发生的交通事故，应该算是工伤，于是向公司申请工伤认定。

公司人事部的主管却说，夏奇虽然是在上班途中发生交通事故的，可以认定为工伤，但是，对方驾驶员已经赔偿医疗费等费用，故公司不能为其申请工伤认定。夏奇认为肇事方赔偿与工伤认定并不冲突，公司的做法不合理，便向劳动仲裁委员会申请仲裁。

经仲裁，劳动仲裁委员会认为夏奇在此次交通事故中所受到的伤害应认定为工伤，应享受公司保险待遇。

二、法理分析

根据《工伤保险条例》第十四条规定，在上下班途中，受到非本人主要责任的交通事故或者城市轨道交通、客运轮渡、火车事故伤害的，应当认定为工伤。需要注意的是，对方驾驶员闯红灯导致交通事故，造成夏奇受到人身伤害，属于侵权行为。劳动者或亲属在向侵权人主张赔偿后，并不因此减轻用人单位承担工伤保险待遇的责任。

也就是说，作为受害者，夏奇可以获得双倍赔偿，即向对方驾驶员索赔后，仍可以向公司主张工伤待遇。但是因工伤事故直接产生的费用，即治疗工伤的医疗费，是不能重复计算的。

三、知识扩展

在公司团建中受伤的，算是工伤吗？

我们已经知道，在工作时间内和工作岗位上患上疾病或受到伤害，或在上下班途中，受到非本人责任的交通事故或城市轨道交通、客运轮渡、火车事故伤害的，应认定为工伤。

而现在很多公司为了鼓舞员工士气、增加团队凝聚力，或者因员工拿下大订单后给予福利而组织团建，团建的形式也多种多样，包括爬山、派对、旅行、拓展训练等。那么，如果员工参加公司团建活动时意外受伤，算工伤吗？

假设，夏奇所在公司为提升员工团队意识，增强员工之间的沟通与协作，组织了团建活动。活动选择在周末，全体员工到郊外的某风景区露营，进行拓展训练。进行拓展活动时，夏奇踩到一块活动的石头，不慎摔倒在地，导致左手骨折。事后，夏奇向公司提出申请工伤认定，但是公司认为夏奇不是在工作中受伤，且是自己不小心摔倒的，不能认定为工伤。

可事实上，该公司的主张是不合理的。根据《工伤保险条例》第十四条规定，认定工伤时需要符合工作时间、工作岗位和工作场所等特定条件，职工因工外出期间，由于工作原因受到伤害的，应当认定为工伤。同时，《人力资源社会保障部关于执行〈工伤保险条例〉若干问题的意见（二）》中规定，职工在参加用人单位组织或者受用人单位指派参加其他单位组织的活动中受到事故伤害的，应当视为工作原因，但参加与工作无关的活动除外。

夏奇参加公司组织的团建，虽然不是在工作，但是公司组织团建是为了提高团凝聚力、加强员工间的沟通与协作，最终目的是让员工以更好的状态去工作，提高工作效率与工作业绩。所以，这应该属于工作时间的延伸，属于因工外出期间。综上所述，夏奇在公司的团建活动中不慎受伤，应当视为工作原因受伤，可以认定为工伤。

当然，如果员工在团建活动中，私自脱离队伍，从事与团建无关的活动，比如夏奇在别人休息时，起了玩心，到景区的河边玩水、游泳或做其他事情，不小心受伤或出现生命危险，不应认定为工伤。

四、法条链接

《工伤保险条例》

第十四条 职工有下列情形之一的，应当认定为工伤：

（一）在工作时间和工作场所内，因工作原因受到事故伤害的；

（二）工作时间前后在工作场所内，从事与工作有关的预备性或者收尾性工作受到事故伤害的；

（三）在工作时间和工作场所内，因履行工作职责受到暴力等意外伤害的；

（四）患职业病的；

（五）因工外出期间，由于工作原因受到伤害或者发生事故下落不明的；

（六）在上下班途中，受到非本人主要责任的交通事故或者城市轨道交通、客运轮渡、火车事故伤害的；

（七）法律、行政法规规定应当认定为工伤的其他情形。

《最高人民法院关于审理工伤保险行政案件若干问题的规定》

第五条 社会保险行政部门认定下列情形为"因工外出期间"的,人民法院应予支持:

(一)职工受用人单位指派或者因工作需要在工作场所以外从事与工作职责有关的活动期间;

(二)职工受用人单位指派外出学习或者开会期间;

(三)职工因工作需要的其他外出活动期间。

职工因工外出期间从事与工作或者受用人单位指派外出学习、开会无关的个人活动受到伤害,社会保险行政部门不认定为工伤的,人民法院应予支持。

《人力资源社会保障部关于执行〈工伤保险条例〉若干问题的意见(二)》

第四条 职工在参加用人单位组织或者受用人单位指派参加其他单位组织的活动中受到事故伤害的,应当视为工作原因,但参加与工作无关的活动除外。

五、普法提示

工伤的发生随处可见,在申请工伤认定和报销工伤保险时,员工应注意以下事项(如图6-4所示)。

1.不签订劳动合同,存在事实劳动关系,比如临时工,用人单位也应该缴纳工伤保险费,给予工伤赔偿。如果用人单位未缴纳工伤保险费,员工可以申请仲裁,要求其支付相应赔偿。

2.上下班途中遇到交通事故而认定工伤的,必须符合以下条件:

(1)必须是在上下班的规定时间内发生的交通事故;

(2)必须是在上下班的必经线路上发生的交通事故;

(3)必须是本人没有责任或者不承担主要责任;

（4）必须是因交通事故或者城市轨道交通、客运轮渡、火车事故受到伤害的。

如果下班途中，你转个弯去看望朋友或参加聚会，偏离上下班的必经线路，便不可以认定为工伤。如果你因为闯红灯、超速驾驶而发生交通事故，在事故中负主要责任，也不可以认定为工伤。

3.认定工伤时，需要申请劳动能力鉴定，提交相关材料，比如身份证、劳动保障部门的工伤认定结论、工伤医疗的有关资料等。

4.员工在工作时间内干私活，不小心受伤，不可以认定工伤。相反，员工还可能因为违反规章制度而受到处罚。

5.员工在下班途中突发疾病死亡的，或在48小时之内在医院抢救无效死亡的，视同工伤。

6.以下情形不能认定工伤或视同工伤：故意犯罪的、醉酒或吸毒的、自残或自杀的。

工伤认定的注意事项
- 要存在事实劳动关系
- 上下班交通事故中不负主要责任
- 需要申请劳动能力鉴定
- 私活受伤不可认定工伤
- 上下班途中病亡视同工伤
- 故意犯罪等情形不是工伤

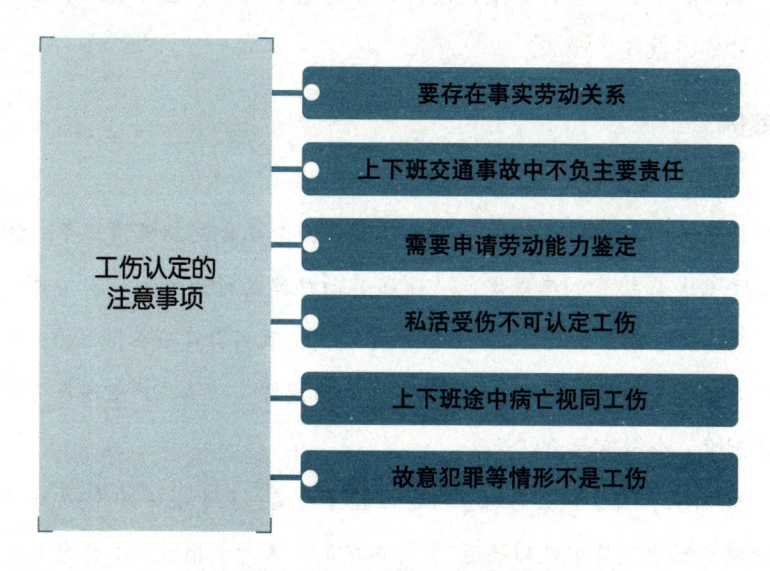

图6-4 工伤认定的六个注意事项

第五节　合法开除与非法开除

员工违反劳动纪律或规章制度，用人单位有权予以辞退甚至开除处理。但是，辞退和开除是有明确区别的，辞退是用人单位单方面解除劳动合同、解雇员工的行为。辞退的原因可能是员工违纪，也可能是公司发展出现困难而与员工解除劳动关系。前者属于违纪辞退，后者属于正常辞退。而开除处分适用于严重违反劳动纪律或规章制度，或者触犯法律法规的员工，公司可以与其强制解除劳动关系。

换句话说，只有劳动者存在重大过错行为时，用人单位才有权给出开除处分。如果劳动者没有存在重大过错，应适用于违纪辞退，用人单位却给予其开除处分，就属于违法。

一、案例

梁恒是某科技公司员工，月薪为5000元，劳动合同期限为三年。该公司《员工手册》和规章制度规定："违反劳动纪律的行为如下：不按时考勤打卡，提前下班，离开工作岗位的；在班不在岗，脱离自身应在岗位的；在工作时间内从事与本职工作无关的活动的。"同时规定："员工严重违反劳动纪律和规章制度，公司有权予以开除。"

2023年6月12日，该公司人事对梁恒进行约谈，表示梁恒累计6次违反劳动纪律和规章制度，其中迟到早退3次，不在岗、不打考勤卡、工作期间从事与本职工作无关的活动各1次。所以，公司决定以严重违纪为由对梁恒予以开除处分，并不支付任何经济补偿金。

梁恒对于违纪行为认可，但认为这不构成严重违纪，公司开除自己的行为是不合理的。双方协商未果，梁恒以公司非法开除自己为由申请劳动仲裁，要求公司支付违法解除劳动合同的赔偿金。

经审理，当地劳动仲裁委员会认为该公司提供的证据可以证明梁恒具有违纪行为，但不足以证明其行为达到严重违纪程度。同时，该公司的《员工违纪处理决定书》是其单方面通知的，未得到梁恒本人签名确认，没有足够证据证明梁恒对于处理决定知情且认可。所以，劳动仲裁委员会裁定该公司开除梁恒属于违法行为，应当支付违法解除劳动合同赔偿金。

二、法理分析

根据法律规定，企业在以下情况下可以合法开除员工：员工严重违反企业规章制度的；员工与其他企业建立双重劳动关系，对完成本企业的工作任务造成严重影响，或者经本企业指出后拒不改正的；严重失职，营私舞弊，给企业造成重大损害的；被依法追究刑事责任的。

开除员工并不是只由企业老板或人事部负责人说了算的，也不是说一句"你被开除了"就能执行的。这需要依法履行一定程序：

1.认定员工严重违纪，必须依据合法有效的规章制度。如果企业的规章制度不合理不合法，便不具有法律效力。

2.规章制度必须经过公示，让员工知晓，这样才能对员工产生法律效力。如果企业没有证据证明规章制度已经公示或者已经向员工告知，那么就不能作为判定员工严重违纪的证据，更不能作为开除员工的依据。

3.做出开除决定之前，必须事先将理由通知工会或职工代表大会，最好征得工会或职工代表大会同意。如果企业没有告知工会或职工代表大会，那么开除员工的行为就是违法的。

4.必须有证据证明员工严重违反劳动纪律或规章制度。即便员工真的严重违纪，如果企业拿不出足够的证据来举证，那么也会被认定非法开除。

本案例中，梁恒的违纪行为包括迟到早退、不在岗、不打考勤卡、工作期间从事与本职工作无关的活动，但没有给公司带来严重经济损失，不构成严重违纪行为。该公司可以对其进行批评教育，或者根据《员工手册》或劳动合同的约定给予其罚款、警告等处罚。但是，该公司随意判定梁恒严重违纪，且没有拿出足够证据证明其严重违纪，也没有将处理决定告知梁恒，所以其开除行为是违法的。梁恒向劳动仲裁委会申请仲裁的行为也是合理、合法的。

三、知识扩展

企业如何制定规章制度才有法律效力？

规章制度是企业内部的"法律"，是企业制定的，对其自身和劳动者均有约束力的行为规范。在处罚、辞退和开除员工的行为中，规章制度往往是企业作出决定的依据。所以，企业的规章制度必须合理合法，具备生效的条件，如此才具有法律效力。

那么，企业的规章制度如何制定才具备生效的条件呢（如图6-5所示）？

1.规章制度的制定主体必须合法。即必须是有权对各个组成部分和全体劳动者进行全面和统一管理的机构。

2.规章制度的内容必须符合法律规定。即规章制度不能与法律法规相抵触，不能侵害劳动者合法权益，不能在劳动者已有权利之上进行约束或设置障碍，否则就是无效的。

3.规章制度的制定必须经过民主程序。一般必须经职工代表大会或全体职工讨论，提出方案与意见；必须与工会或职工代表大会协商确定，以书面或电子形式征求意见。

4.规章制度制定后必须先向劳动者进行公示或送达。可以在公示栏张贴，也可以制成员工手册进行发放，或者通过电子邮件发送，且经劳动者阅读确认。

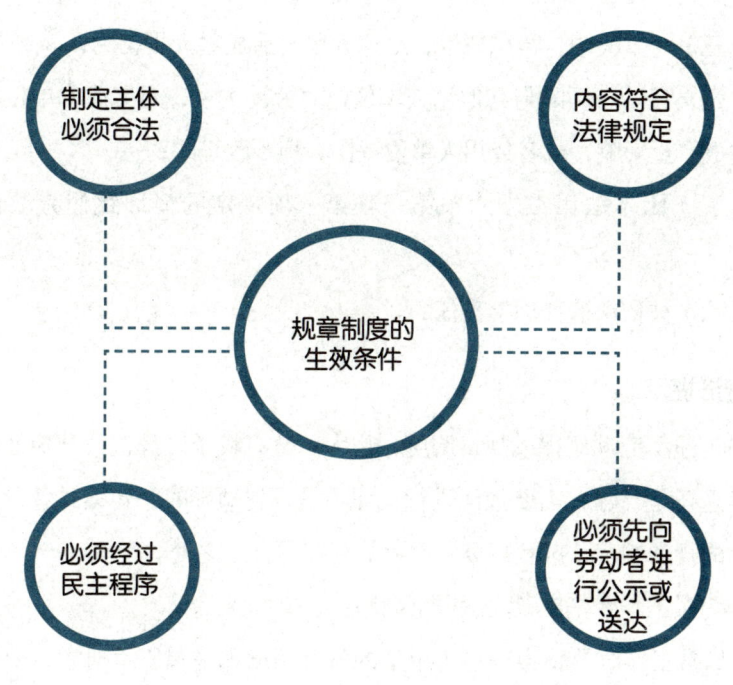

图 6-5　规章制度生效的四个条件

在实践中，如果劳动者发现企业的规章制度不具有法律效力，应及时收集充分证据，避免被非法开除或违法辞退。尤其是关于劳动报酬、工作时间、休息休假、劳动卫生安全、劳动纪律、违纪处罚等方面的规章制度，若是发现不合法的，或是未经民主程序的，员工需要提升法律意识，维护自身合法权益。

四、法条链接

《中华人民共和国劳动合同法》

第三十九条　劳动者有下列情形之一的，用人单位可以解除劳动合同：

（一）在试用期间被证明不符合录用条件的；

（二）严重违反用人单位的规章制度的；

（三）严重失职，营私舞弊，给用人单位造成重大损害的；

（四）劳动者同时与其他用人单位建立劳动关系，对完成本单位的工作任务造成严重影响，或者经用人单位提出，拒不改正的；

（五）因本法第二十六条第一款第一项规定的情形致使劳动合同无效的；

（六）被依法追究刑事责任的。

五、普法提示

员工违反劳动纪律或规章制度，用人单位有权予以辞退或开除处理。但是，辞退还是开除，需要依法进行，而不是只凭领导的一句话或者只依据用人单位的规章制度，况且规章制度可能存在不合法之处。

作为员工，我们应该注意以下问题：

1.日常工作时严格遵守用人单位的规章制度和《员工手册》，要做到严于律己，尽职尽责，避免出现违纪行为，更要严格避免出现严重违纪行为。

2.当合法权益受到侵害时，要及时申请劳动仲裁或向人民法院起诉。

3.用人单位作出开除、除名、辞退、解除劳动合同的决定而引起劳动争议时，用人单位负有举证责任。不过，作为员工的我们，也要及时收集有利于自己的证据，证明自己的行为不构成严重违纪，或者其规章制度是不合法的、不具有法律效力。比如，自己并未签字确认违纪处罚决定等。

第六节　职场"冷暴力"的法律维权

什么是职场"冷暴力"？简单来说，就是在职场上被孤立、刁难、轻视或是被"冷处理"。最常见的表现形式有以下几种：不受领导重用，所有重活累活都是你干，但功劳和成绩却是他人的；工作努力，却因"不会来事"，得不到升职加薪的机会；因与领导发生分歧或矛盾，被打入"冷宫"，不被安排岗位的分内工作；被同事忽视，成为职场"隐形人"；被冷漠打压，遭受冷言冷语，等等。

遭遇职场"冷暴力"，有些人选择隐忍，毕竟生活还要继续，有些人选择直接与领导"硬刚"，为自己找个说法，还有些人干脆辞职。可是，很少有人拿起法律武器来维权，以至于自己合法权益受损。

一、案例

琪琪是某设计公司的项目策划，工作认真负责，策划能力、与客户沟通能力都非常强，受到领导的青睐与重视。2023年3月，琪琪得到一个晋升策划主管的机会，为此她更卖力地工作，希望能牢牢抓住这个机会。

可就在她胜券在握时，空降而来的李蕊被任命为策划主管。据可靠消息，李蕊是琪琪领导的亲戚，靠着领导的引荐来到公司。琪琪很是不满，虽没在领导和李蕊面前表现出来，但是会在社交平台上隐晦地发泄情绪。她认为自己的能力是突出的，工作态度是积极的，却因为他人的空降而失去晋升机会，是非常不公平的。同时，她认为领导以权谋私，不是合格的中层领导。

很快，领导和李蕊知晓了这件事，便开始给她"穿小鞋"。琪琪本来负责一个很重要的项目，且项目已经有重大进展，却突然被撤换下来，被重新安排做一个不起眼的小项目。平时本该是琪琪负责的工作，领导安排其他人去做，不是把她"晾在一边"，就是做一些整理资料、打印文件、给客户送合同之类的事。琪琪提出意见，争取负责原本负责的项目，却被拒绝；提出一些关于项目的意见与策划，也被忽视。

可以说，琪琪被彻底打入了"冷宫"，成为策划部的边缘人物，手里的工作与策划几乎没什么关系。她的岗位是项目策划，却整天如同实习生般做着繁杂琐事，只是偶尔能接触一些没人愿意做的小项目。

琪琪很气愤和苦恼，却不知道该怎么办。

那么，琪琪应该怎么办呢？

二、法理分析

本案例中，琪琪明显遭遇了职场"冷暴力"，其合法权益受到了侵害。其实，除了辞职和忍受外，琪琪还可以向人力资源和社会保障部门投诉，或者向劳动仲裁委员会申请仲裁。因为，该公司领导给她"穿小鞋"，不安排岗位分内工作的行为是违法的。

在签订劳动合同时，用人单位与劳动者已经明确了工作岗位、工作内容、岗位职责等，所以，员工的工作安排应该与约定的岗位相符合。同时，根据《劳动合同法》规定，用人单位不得随意调换员工的岗位。本案例中，该公司领导安排琪琪从事与岗位不相符的工作内容，且将应该由琪琪负责的工作安排给其他人，并未与琪琪进行协商、未经过琪琪同意，属于单方面违法调整劳动者工作岗位。

所以，琪琪可以与领导进行协商，找老板进行调解，如果协商未果，可以向人力资源和社会保障局投诉，还可以向劳动仲裁委员会申请仲裁，要求恢复与岗位相符合的工作安排，或者要求解除劳动合同，向该公司要求其违法变更合同的经济赔偿。

三、知识扩展

不辞退，也不安排工作该怎么办？

在实践中，一些用人单位想要辞退某个员工，但又不想支付违约金，便将员工打入"冷宫"——不辞退，也不安排工作，只发底薪或基本工资，想逼着员工主动辞职。这种行为也是违法的，其本质是"不提供劳动条件"，员工可以申请劳动仲裁，要求与该用人单位解除劳动关系，并要求其支付赔偿金。

一般情况下，员工在入职时已经与用人单位在劳动合同中对其工作岗位、岗位职责、工作内容有明确约定。如果双方未在合同中约定日后如何调整劳动者的工作岗位，一旦用人单位或负责人擅自调整员工的工作岗位，或变更其工作内容，那么就是单方面对劳动合同进行重大变更，是违法的。比如，在劳动合同中，你与公司约定的工作岗位是销售部门主管，工作内容是起草和安排销售部的工作计划和具体任务，指导、检查和考核销售部门的销售流程……但是，公司不给你安排任何工作，让你自生自灭，那么就属于违约和违反《劳动合同法》。

公司"不提供劳动条件"主要指哪些方面的内容呢？指在劳动者进行劳动时没有提供所必备的主观条件和客观条件。前者是指劳动者维持和再生产出劳动能力的物质条件，即生活资料。后者是指劳动者借以完成其劳动的物质条件，即生产资料。不安排工作，劳动者自然无法获得完成其工作的物质条件，也就无法从事劳动、完成岗位职责了。

四、法条链接

《中华人民共和国劳动合同法》

第三十八条 用人单位有下列情形之一的,劳动者可以解除劳动合同:

(一)未按照劳动合同约定提供劳动保护或者劳动条件的;

(二)未及时足额支付劳动报酬的;

(三)未依法为劳动者缴纳社会保险费的;

(四)用人单位的规章制度违反法律、法规的规定,损害劳动者权益的;

(五)因本法第二十六条第一款规定的情形致使劳动合同无效的;

(六)法律、行政法规规定劳动者可以解除劳动合同的其他情形。

用人单位以暴力、威胁或者非法限制人身自由的手段强迫劳动者劳动的,或者用人单位违章指挥、强令冒险作业危及劳动者人身安全的,劳动者可以立即解除劳动合同,不须事先告知用人单位。

五、普法提示

作为职场人,遭遇职场"冷暴力",被领导、同事等不公平对待,或者被恶意排挤、刁难,应该怎么办?具体来说,我们可以做到以下几点(如图6-6所示)。

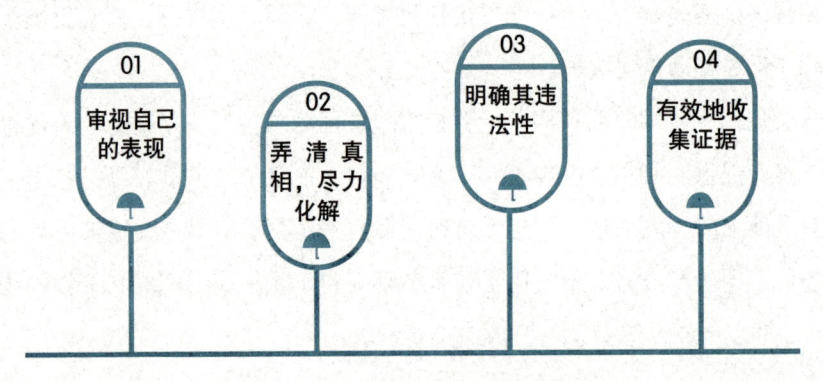

图6-6 职场"冷暴力"的应对要点

1.审视自己的表现。看自己的行为是否符合公司规章制度，自己是否能够胜任工作，并检视自己的工作态度是否良好。

2.弄清真相，尽力化解。不要默默忍受，也不要急着辞职，要搞清楚事情的真相，积极做好本职工作，同时学着去化解冷暴力，多与领导及同事沟通，表明自己的立场和态度。

3.明确其违法性。增强法律意识，明确职场"冷暴力"是涉嫌违法或违约的。根据《劳动合同法》规定，劳动合同不仅包括工作内容、工作地点、工作时间和休息休假、劳动报酬、社会保险，还包括劳动保护、劳动条件等内容。换言之，用人单位采取不安排工作、安排与员工岗位不相符的工作的行为是涉嫌违法调岗、违法变更劳动合同的。

作为受害者，我们应该主动出击，向人力资源和社会保障局进行投诉，或向劳动仲裁委员会申请仲裁。

4.有效地收集证据。进行法律维权时，要有效地收集证据和举证。

第七章

常见的员工违法行为

　　作为员工,要运用法律来维护自身权益,同时也要遵纪守法,不做出违法的事情。如果法律意识淡薄,或者拿用人单位的劳动纪律、规章制度甚至相关法律法规不当回事,想要钻空子,就很容易触犯法律,付出巨大代价。这样轻则丢掉"饭碗",面临经济赔偿,重则承受牢狱之灾。

第一节　违法的失职行为

失职是指工作人员对本职工作不认真负责，未依照规定履行自己的职务，导致用人单位遭受损失的行为。作为劳动者应当认识到，自己对用人单位是负有责任的，必须尽职尽责。如果在工作职责内，因懈怠、不认真负责、不作为而导致用人单位遭受损失，轻则需要承担赔偿责任，受到纪律处分，重则涉及违法犯罪。

一、案例

2022年1月，周明入职某服装生产公司担任质检员，双方签订为期三年的劳动合同。合同约定：周明作为产品质检员，工作职责是对公司的原材料进行进厂检验，保证流入生产加工环节的物料合格；检验和试验出厂的成品，确保产品检验合格才出厂；对检验中发现的产品问题进行处理过程的跟踪等。同时约定，质检员如果因工作严重不负责而造成公司的经济损失，应当承担赔偿责任；造成损失严重的，予以辞退处理。

2023年5月，该服装公司与某大型企业签订销售合同，为其加工企业工装、工作服，春夏秋冬各500套，合同金额30万元。为完成销售合同，该服装公司按照对方提供的样布采购了一批布匹，可是在对布匹进行检验时，周明未认真负责——明明布匹与样布存在较大差异，他却并未发现，导致这些不合格的原料流入加工环节。结果交货时，对方公司认定产品不符合合同标准，拒不接货。

为此，该服装公司与对方进行协商，重新采购布料、加工服装，并支付延期交货的赔偿。事后，该服装公司以在工作中严重不负责任为由，将周明解聘，并向当地劳动仲裁委员会提出申诉，要求周明承担其经济损失15万元，包括原料损失和向对方公司支付的赔偿。

劳动仲裁委员会受理后，对案件进行了解梳理，并确认以下事实：该服装公司与周明签订劳动合同，聘用周明为质检员；2023年5月12日，该服装公司与某企业签订销售合同，并让周明负责对原料进行进厂检验，对服装成品进行出厂检验；周明接受任务后，未认真履行岗位职责，对原料和样布未进行认真确认，导致对方拒不收货，该服装公司不得不重新采购原料、加工生产，导致延期交货，且向对方支付延期交货的赔偿。

劳动仲裁委员会认为，该服装公司由于周明严重失职而遭受经济损失是客观事实，所以，周明与延期交货的经济损失的产生有一定的因果关系，应当承担部分赔偿责任。

二、法理分析

在实践中，用人单位与员工之间签订劳动合同、形成劳动关系后，在劳动合同履行期间，用人单位有责任对员工承担相关义务，比如支付报酬、安全生产、提高福利等，同时员工对用人单位也应当承担相应的义务，比如付出劳动、创造经济价值、在工作岗位尽职尽责完成任务等。

本案例中，周明身为质检员，其责任是非常重大的。他的工作关系到产品的质量，而产品质量则关系到企业的经济效益，甚至是生死存亡。试问，一个企业生产的产品不合格、质量有瑕疵，还能获得客户满意吗？还能在市场上生存下去吗？但是，周明对工作却不认真，未按照规定履行自己的职责和义务，最终导致企业遭受了重大经济损失。

根据《劳动合同法》第三十九条规定，劳动者严重违反用人单位的规章制度的，严重失职，营私舞弊，给用人单位造成重大损害的，用人单位可以解除劳动合同。而且，双方签订的劳动合同约定：质检员如果因工作严重不负责而造成公司的经济损失，应当承担赔偿责任；造成损失严重的，予以辞退处理。所以，该服装公司解聘周明，且要求经济赔偿是合理的，劳动仲裁委员会的裁决也是合法的。

需要注意的是，员工失职导致公司遭受经济损失，其赔偿的范围一般是以实际损害、实际经济损失为依据。但因劳动合同中未明确赔偿金额，一般赔偿比例不超过30%。如果存在主观故意，则需要全额赔偿。

三、知识扩展

失误、失职与渎职之间有什么差别？

失误、失职与渎职都是人们在工作中出现的差错，会给用人单位造成一定损失。但是，三者之间存在很大差别（如图7-1所示）。

图 7-1 失误、失职与渎职的区别

失误是行为人由于疏忽、水平不够或经验方面的欠缺所导致的差错。失误可能导致一定的经济损失或者不良影响，其危害性不大，且不是出自行为人的主观意愿。在工作中，员工出现失误是常有的事，通常会受到领导的批评教育，但未达到承担法律责任的程度。

失职是行为人对本职工作不认真负责，未依照规定履行自己的职务，导致用人单位遭受经济损失的行为。失职是行为人主观上不负责任的过失，是因为其不履行或不正确履行职务，或者违反公司规章制度导致的，其行为与危害后果有必然联系，所以需要承担民事、行政上的责任，严重的话需要承担刑事责任。根据《中华人民共和国刑法》相关规定，员工由于严重不负责任或者滥用职权，造成国有公司、企业破产或者严重亏损，致使国家利益遭受重大损失的，处三年以下有期徒刑或者拘役。

而渎职是国家工作人员利用职务上的便利，滥用法律赋予的职权，通过违法违纪、玩忽职守、以权谋私等手段，导致国家和人民利益遭受严重损害的行为。与前两者不同，渎职的主体是国家工作人员。渎职是违法行为，可能构成犯罪，要承担刑事责任。

四、法条链接

《中华人民共和国刑法》

第一百六十八条 国有公司、企业的工作人员，由于严重不负责任或者滥用职权，造成国有公司、企业破产或者严重损失，致使国家利益遭受重大损失的，处三年以下有期徒刑或者拘役；致使国家利益遭受特别重大损失的，处三年以上七年以下有期徒刑。

国有事业单位的工作人员有前款行为，致使国家利益遭受重大损失的，依照前款的规定处罚。

国有公司、企业、事业单位的工作人员，徇私舞弊，犯前两款罪的，依照第一款的规定从重处罚。

五、普法提示

作为员工，身在其位就应该尽职尽责，既不能乱作为，也不能不作为。如果乱作为，可能构成职务违法；如果不作为，则可能构成失职。所以，我们需要增强法律意识和责任意识，严格按照规章制度做事，严格依照规定履行自己的工作职责，避免失误、失职等行为的发生，避免给自己的职场和人生抹上污点。

第二节 远离商业贿赂

商业贿赂是指经营者以排斥竞争对手为目的，为争取交易机会，暗中给予交易对方有关人员和能够影响交易的其他相关人员财物或其他好处的行为。比如，我们时常所说的给予合作企业的采购人员、主管人员回扣的行为，就属于商业贿赂。

进行商业贿赂的企业为谋取不正当利益，损害了同等条件的企业的利益，同时涉嫌对非国家工作人员行贿罪。而接受商业贿赂的人，暗中收取利益，损害自家企业的利益，涉嫌非国家工作人员受贿罪。不管是行贿还是受贿，双方都需要承担相应的法律责任，受到法律的制裁。

一、案例

尚城是某环境工程公司的网络部主管，由于公司网络系统落后，领导交代他寻求合适的供应商，采购一批用于网络基础设施升级的相关设备，包括接入交换机、网络核心交换机、视频会议系统专线路由器等。

经过一段时间的考察,尚城选中某设备供应商,随后与其签订了设备采购合同书,设备总价为150万元。可后来,公司负责人发现采购合同中设备的价格比其他供应商的报价高出30%以上,经调查发现,尚城有接受商业贿赂的行为。原来当初商谈时,该供应商表示自己可以将商品价格提高30%,如果尚城促成签约,将拿到15%的回扣。一开始尚城拒绝了这一要求,但当对方将回扣提高到20%时,他未能抵挡住诱惑,痛快地接受了。

双方签约成功后,该设备公司如约将20%的回扣通过业务员私人账户打到尚城的私人账户。事后,该环境工程公司将尚城做出开除处理,并向公安机关报案。到案后,尚城主动退赃,且自愿认罪。之后,人民法院审理该案件,认为尚城作为公司重要人员,利用职务上的便利,违反国家规定在经济往来中收受回扣,数额较大,其行为构成非国家工作人员受贿罪。鉴于其主动退赃,且自愿认罪,给予从轻处罚。

同时,该环境工程公司向人民法院起诉,要求与该设备供应商解除采购合同,并要求其支付合同总价的30%作为赔偿金。因为双方签订的采购合同明确规定:卖方应保证其有关人员了解买方有关廉洁管理的各项制度,保证不得以商业贿赂影响买方在采购过程或合同实施过程中的行为;否则一经查实,买方除有权追回由此给买方造成的损失外,卖方承诺支付合同总价的30%作为赔偿金,同时买方有权解除本合同。

法院认为,根据该环境工程公司提供的现有证据,可以认定其主张的设备供应商进行商业贿赂行为的情形存在,故支持该环境工程公司的主张。

二、法理分析

《中华人民共和国刑法》第一百六十三条规定:公司、企业或者其他单位的工作人员，利用职务上的便利，索取他人财物或者非法收受他人财物，为他人谋取利益，数额较大的，处三年以下有期徒刑或者拘役，并处罚金；数额巨大或者有其他严重情节的，处三年以上十年以下有期徒刑，并处罚金；数额特别巨大或者有其他特别严重情节的，处十年以上有期徒刑或者无期徒刑，并处罚金。公司、企业或者其他单位的工作人员在经济往来中，利用职务上的便利，违反国家规定，收受各种名义的回扣、手续费，归个人所有的，依照前款的规定处罚（如图7-2所示）。

数额特别巨大或者有其他特别严重情节	10年以上有期徒刑或无期徒刑，并处罚金
数额巨大或者有其他严重情节	3年以上10年以下有期徒刑，并处罚金
数额较大	3年以下有期徒刑或拘役，并处罚金

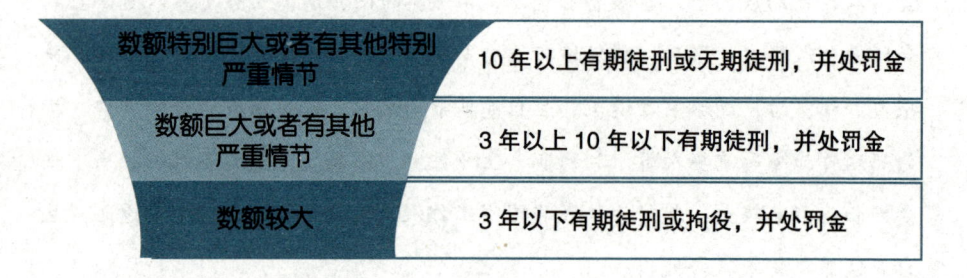

图7-2 收受贿赂的刑期等级

本案例中，尚城在经济往来中，利用职务之便，与供应商暗中勾结，抬高商品或服务价格，收受回扣归个人所有，给公司造成了较大的经济损失。所以，尚城构成受贿罪，该公司给予开除处理，且要求追回损失的要求是合理的。尚城已经构成犯罪，理应承担刑事责任，可能面临处三年以下有期徒刑或者拘役。因尚城主动认罪，退回赃款，所以法院给予从轻处理。

同时，该供应商相关负责人构成对非国家工作人员行贿罪，根据《中华人民共和国刑法》第一百六十四条规定，可能被处以三年以下有期徒刑或者拘役，并处罚金。

三、知识扩展

商业贿赂的具体行为表现有哪些？

商业贿赂行为需要承担法律责任，那么哪些属于商业贿赂行为呢？具体行为表现有以下几种：

1.给付或收受现金的贿赂行为。

2.给付或收受各种各样的费用，包括促销费、赞助费、广告宣传费、劳务费等的贿赂行为。

3.给付红包、礼金的贿赂行为。

4.给付或收受有价证券，包括债券、股票等的贿赂行为。

5.给付或收受实物，包括各种高档生活用品、奢侈消费品、工艺品、收藏品等，以及房屋、车辆等大宗商品的贿赂行为。

6.给付或收受减免债务、提供担保、免费娱乐、旅游、考察等财产性利益，或就学、荣誉、特殊待遇等非财产性利益的贿赂行为。

7.以佣金的名义进行商业贿赂，或者给付或收受的佣金不如实入账。

8.给付或收受干股的贿赂行为。

需要注意的是，商业贿赂行为的立案标准为5000元。个人受贿数额不满5000元，但是具有下列情形之一的也会立案：一是因受贿行为而使国家或者社会利益遭受重大损失的；二是故意刁难、要挟有关单位、个人，造成恶劣影响的。

四、法条链接

《中华人民共和国刑法》

第一百六十三条　公司、企业或者其他单位的工作人员，利用职务上的便利，索取他人财物或者非法收受他人财物，为他人谋取利益，数额较大的，处三年以下有期徒刑或者拘役，并处罚金；数额巨大或者有其他严重情节的，处三年以上十年以下有期徒刑，并处罚金；数额特别巨大或者有其他特别严重情节的，处十年以上有期徒刑或者无期徒刑，并处罚金。

公司、企业或者其他单位的工作人员在经济往来中，利用职务上的便利，违反国家规定，收受各种名义的回扣、手续费，归个人所有的，依照前款的规定处罚……

第一百六十四条 为谋取不正当利益，给予公司、企业或者其他单位的工作人员以财物，数额较大的，处三年以下有期徒刑或者拘役，并处罚金；数额巨大的，处三年以上十年以下有期徒刑，并处罚金。

为谋取不正当商业利益，给予外国公职人员或者国际公共组织官员以财物的，依照前款的规定处罚。

单位犯前两款罪的，对单位判处罚金，并对其直接负责的主管人员和其他直接责任人员，依照第一款的规定处罚。

行贿人在被追诉前主动交待行贿行为的，可以减轻处罚或者免除处罚。

五、普法提示

作为职场人，千万不要被金钱和利益蒙蔽了心，要强化法律意识、法律观念，远离商业贿赂。具体应该做到以下两点：

1.要树立正当竞争的意识，不要为了谋取不正当利益而向他人行贿。

2.要洁身自好，不拿任何形式的回扣，不违法索要他人一分财物，同时要提高警惕，谨防心怀不轨的人以各种形式为借口行贿，比如提供旅游活动、给予奢侈品等。

做到学法、知法、懂法、守法，才能自觉远离商业贿赂，才能防患于未然。

第三节 警惕商业泄密

这里的泄密，是指泄露用人单位的商业秘密。《劳动合同法》规定的商业秘密，是指不为公众所知悉、具有商业价值并经权利人采取相应保密措施的技术信息、经营信息等商业信息。

每个企业都有各种各样的商业秘密，尤其是技术类、研发类企业的数据资料、程序代码都是高度机密信息，关系到自身发展与竞争优势，甚至关系到企业的生存。因此，企业通常会与那些有机会接触、知悉、掌握商业秘密的员工签订保密协议，避免商业秘密的泄露。

而签订保密协议的员工必须遵守其约定，不得向任何人或单位泄密。一旦泄露企业的商业秘密，将为企业所遭受的损失承担经济赔偿责任。泄露商业秘密情节严重的，会构成侵犯商业秘密罪，要承担刑事责任。

一、案例

2020年2月19日，张峰入职某电子产品公司，担任电子产品研发部研发员，签订为期三年的劳动合同。工作期间，张峰接触并参与研发了公司的许多新兴技术，为公司产品研发做出不少贡献。2023年2月，张峰与原公司合同即将到期，收到了另一家电子产品公司的邀请，声称如果张峰愿意去自家公司，可以担任研发部主管，将会有更高的收入和更好的发展。

由于张峰未与原公司签订竞业限制协议，在劳动合同到期后便去了新公司工作。一开始，张峰还能遵守职业道德，不向该公司负责人泄露任何关于原公司产品技术、研发数据等的信息。然而，在该公司负责人高薪、物质奖励的诱导下，张峰忘记了职业道德，将原公司关于新兴技术的信息透露出来，并很快帮助该公司研发出与原公司同类型的新产品。产品一经问世，因价格低、性能好，销售量迅速飙升，使得原公司产品销售量急剧下降，市场占有率和竞争优势都大打折扣。

很快，法院传票随之而来。原公司以侵犯商业秘密为由，将张峰告上法庭。该公司认为张峰在明知道这些信息是商业秘密的情况下，仍将其透露给新公司，侵犯了原公司的合法权益，并给其造成重大经济损失，因此应当承担相应赔偿责任。张峰则认为自己没有与原公司签订保密协议，不具有保密义务，不需要承担赔偿责任。

二、法理分析

本案例中，张峰未与原公司签订保密协议，是否应该承担对原公司的保密义务呢？

根据法律规定，保密义务是法定义务，任何劳动者都必须对用人单位的商业秘密承担保护的义务。这一保护义务不是来源于保密协议，而是基于劳动合同而产生的忠诚义务。所以，虽然张峰与原公司未签订保密协议，仍需要因泄露商业秘密而承担相应的法律责任。

当然，绝大部分企业都会要求相关人员签订保密协议。如果员工的工作内容涉及技术信息、经营管理信息和特殊约定的其他秘密，包括设计、程序、产品、配方、制作工艺、制作方法、管理诀窍、客户名单、货源情报、产销策略、招投标中的标底及标书内容等信息，企业一般都会与其签订保密协议。

通常保密协议的内容涉及以下几个方面：一是保密义务人在未经许可

的情况下，不可将商业秘密透露给任何第三方或用于合同目的以外的用途；二是不得将含有保密信息的资料、文件、实物等携带出保密区域；三是保密义务人不可在接受访问或者与任何第三方交流时提及合同规定的商业秘密内容；四是保密信息应当在合同终止后交还；五是保密期可以是长期的，直至其进入公众领域。

如果保密义务人违反保密协议可能产生民事责任、行政责任和刑事责任：

1.承担民事责任。因为保密协议是用人单位与劳动者就保守用人单位商业秘密而达成的合意，合法的保密协议受到法律保护。如果劳动者未履行保密协议规定的义务，不管是否给用人单位造成实际损失，都属于违约行为，应当承担违约责任或赔偿责任。

如果保密协议中约定有违约金，则需要支付违约金；如果造成实际经济损失，则需要赔偿经济损失。

2.承担行政处罚。保密义务人泄露了商业秘密，用人单位可以找工商行政管理部门投诉，有关部门会根据泄露秘密的情形，对其做出罚款等处罚。

3.承担刑事责任。根据《中华人民共和国刑法》的有关规定，如有以下行为，并且给商业秘密的权利人造成重大损失的，处3年以下有期徒刑或者拘役，并处罚金；造成特别严重后果的，处3年以上7年以下有期徒刑，并处罚金：

（1）以盗窃、利诱、胁迫或者其他不正当手段获得权利人的商业秘密的；

（2）披露、使用或者允许他人使用以前项手段获取的权利人的商业秘密；

（3）违反约定或者权利人有关保守商业秘密的要求，披露、使用或者允许他人使用其所掌握的商业秘密。

本案例中，张峰泄露原公司商业秘密，使用并允许新公司使用其掌握的商业秘密，导致原公司失去竞争优势，市场份额大幅度缩减，其损失是巨大的。所以，张峰的行为已经构成侵犯商业秘密罪，将面临刑事处罚。

三、知识扩展

劳动者泄密后，所任职的新公司是否需要承担法律责任？

离职员工违反保密协议，将原公司的商业秘密透露给新公司，并帮助新公司设计生产相关产品，需要因泄露商业秘密而承担相应的法律责任。那么，在这种情况下，其所任职的新公司是否需要承担相应法律责任呢？

是的，新公司需要承担连带责任。本案例中，新公司负责人诱导张峰泄露商业机密，并生产原公司同类产品，违反了《反不正当竞争法》，所以人民法院判定新公司立即停止侵害并赔偿原公司经济损失。其具体赔偿金额，需要根据新公司的利润表和原公司的利润表计算违法所得，然后确定赔偿金额。

如果新公司对于张峰泄露商业秘密并不知情，即不知晓其研发数据为原公司商业秘密，那么侵权行为发生后，新公司可以向张峰追偿，要求其支付所承担的经济损失。

四、法条链接

《中华人民共和国劳动合同法》

第二十三条　用人单位与劳动者可以在劳动合同中约定保守用人单位的商业秘密和与知识产权相关的保密事项……

第九十条　劳动者违反本法规定解除劳动合同，或者违反劳动合同中约定的保密义务或者竞业限制，给用人单位造成损失的，应当承担赔偿责任。

《中华人民共和国刑法》

第二百一十九条　有下列侵犯商业秘密行为之一，情节严重的，处三年以下有期徒刑，并处或者单处罚金；情节特别严重的，处三年以上七年以下有期徒刑，并处罚金：

（一）以盗窃、贿赂、欺诈、胁迫、电子侵入或者其他不正当手段获取权利人的商业秘密的；

（二）披露、使用或者允许他人使用以前项手段获取的权利人的商业秘密的；

（三）违反约定或者违反权利人有关保守商业秘密的要求，披露、使用或者允许他人使用其所掌握的商业秘密的。

明知前款所列行为，获取、披露、使用或者允许他人使用该商业秘密的，以侵犯商业秘密论。

五、普法提示

在实践中，员工要提高保密意识，有效地保护公司的商业秘密不泄露。不管是有意还是无意，只要是泄露商业秘密，就需要承担法律责任。具体应注意以下几点（如图7-3所示）。

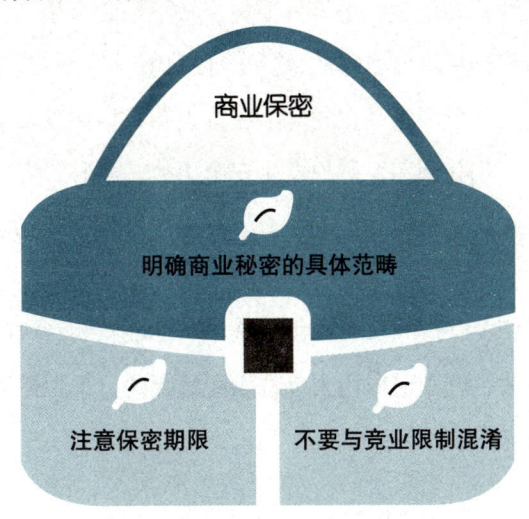

图 7-3　商业保密要注意的三点

1.明确商业秘密的具体范畴。不要认为自己觉得不重要的信息,比如客户名单、样品、样机等就不算是商业秘密。

2.注意保密期限。一些公司与员工签订保密协议时,会约定保密期限。这时,员工需要按照保密期限来保密。而一些公司与员工签订的保密协议没有约定保密期限,这样的协议是无期限的,必须保密到其对外公开信息之日为止。

3.不要与竞业限制混淆。竞业限制协议不等于保密协议,不要认为竞业限制期限到期了,保密期限也到期了。

第四节 必须重视安全生产

对于企业来说,安全生产是第一要务。做不到安全生产,那么一切都是浮云。所以,不管你从事什么行业,处于什么岗位,都应该重视安全生产,了解作业场所和工作范围内存在的危险因素、防范措施以及事故应急措施,认真履行安全生产相关规定,避免发生安全事故。同时,安全管理人员或相关主管人员也应认真履行安全检查职责,在生产过程中要严格把关,排除安全隐患。

如果员工或相关管理人员不重视安全生产,疏忽大意或操作失误,导致发生安全生产事故,轻则造成用人单位的经济损失,承担赔偿责任,重则将触犯刑法,面临牢狱之灾。

一、案例

周凡是某石化设备公司的职员,主要职责是点火操作与管理加热炉,检查加热炉是否有泄露及保温状况如何，还有检查清理设备管线上的杂物、易燃物等。这项工作非常重要，容不得一点闪失，否则将发生严重安全事故。

周凡平时工作认真负责，然而在2023年5月7日这一天，却因与女友吵架而心情烦躁，连工作都无精打采、心不在焉。他在投放燃料时，未注意加热炉的温度，导致炉管管道短期过热，炉管发生破裂，管道内原料石脑油、氢气泄漏，发生火灾事故，最终导致一人死亡、三人轻伤。

扑灭大火后，有关部门成立安全调查组，经调查发现，事故起因是员工违规操作引起炉管管道短期过热，致使炉管破裂。事故调查组认定，该事故是一起一般生产安全责任事故，该公司安全生产主体责任不落实，对事故发生负有责任。公司主要负责人未履行法定安全生产管理职责，导致发生生产安全事故，被追究行政和刑事责任。作为操作员，周凡未履行安全生产责任，违反安全操作规范，被追究刑事责任。

二、法理分析

根据《安全生产法》规定：从业人员在作业过程中，应当严格落实岗位安全责任，遵守本单位的安全生产规章制度和操作规程，服从管理，正确佩戴和使用劳动防护用品。安全生产是劳动者的责任和义务，不管什么时候，作为员工的我们都应该尽职尽责，遵守劳动纪律、操作规范，不能疏忽大意，更不能明知故犯。

本案例中，周凡作为加热炉操作人员理应将安全放在首位，规范操作、小心谨慎，但是他却因私事而疏忽大意，导致安全事故发生，不仅给公司带来经济损失，还造成人员伤亡。根据《安全生产法》相关规定，生产经营单位的从业人员不落实岗位安全责任，不服从管理，违反安全生产规章制度或者操作规程的，由生产经营单位给予批评教育，依照有关规章制度给予处分；构成犯罪的，依照刑法有关规定追究刑事责任。周凡触犯相关法律，理应被追究刑事责任。

同时根据《安全生产法》相关规定，该公司的主要负责人、安全管理人员也因为未履行本法规定的安全生产管理职责被追究行政和刑事责任。

三、知识扩展

发现安全隐患未及时向领导报告，应该承担责任吗？

作为相关设备的操作员、危险物品的保管员、安全管理人员以及相关负责人，应严格落实岗位安全责任，遵守安全生产的规章制度和操作规范，避免产生安全隐患、发生安全事故。那么，是不是其他岗位的员工不需要承担相关责任？发现安全隐患是否向上报告需要看"思想觉悟"，即便不及时报告，也不需要承担责任？

当然不是。我国法律没有将负有安全责任的从业人员限定于本职岗位上的从业者。同时，《安全生产法》第五十九条规定：从业人员发现事故隐患或者其他不安全因素，应当立即向现场安全生产管理人员或者本单位负责人报告；接到报告的人员应当及时予以处理。换句话说，任何一名员工，只要是该公司的员工，都应当严格落实安全生产责任，并及时向相关人员报告安全隐患。

假设，你是一名车间内的拖车司机，不是加热炉的操作员，也不是安全管理人员，但是你发现加热炉有泄露迹象，也应该提高警惕，及时向安全管理人员或相关负责人报告，以便生产单位采取措施消除安全隐患。如果明明发现事故隐患或其他不安全因素，却置之不理，不向任何人报告，导致生产单位未及时采取措施，一旦发生安全事故，也应承担一定责任。

四、法条链接

《中华人民共和国安全生产法》

第五十七条 从业人员在作业过程中，应当严格落实岗位安全责任，遵守本单位的安全生产规章制度和操作规程，服从管理，正确佩戴和使用劳动防护用品。

第九十五条 生产经营单位的主要负责人未履行本法规定的安全生产管理职责，导致发生生产安全事故的，由应急管理部门依照下列规定处以罚款：

（一）发生一般事故的，处上一年年收入百分之四十的罚款；

（二）发生较大事故的，处上一年年收入百分之六十的罚款；

（三）发生重大事故的，处上一年年收入百分之八十的罚款；

（四）发生特别重大事故的，处上一年年收入百分之一百的罚款。

第九十六条 生产经营单位的其他负责人和安全生产管理人员未履行本法规定的安全生产管理职责的，责令限期改正，处一万元以上三万元以下的罚款；导致发生生产安全事故的，暂停或者吊销其与安全生产有关的资格，并处上一年年收入百分之二十以上百分之五十以下的罚款；构成犯罪的，依照刑法有关规定追究刑事责任。

第一百零七条 生产经营单位的从业人员不落实岗位安全责任，不服从管理，违反安全生产规章制度或者操作规程的，由生产经营单位给予批评教育，依照有关规章制度给予处分；构成犯罪的，依照刑法有关规定追究刑事责任。

五、普法提示

除了落实岗位安全责任，遵守安全生产规章制度和操作规程之外，作为员工，在从事生产活动时，也应该注意维护以下合法权益（如图7-4所示）。

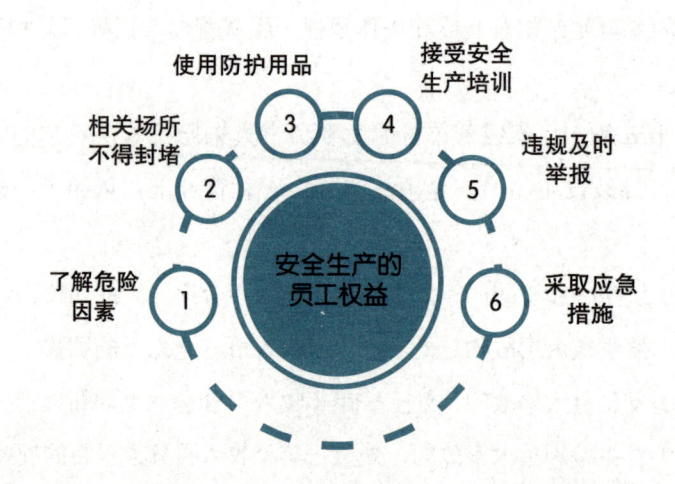

图 7-4 关于安全生产的六项权益

1.有权了解工作环境中的危险因素。

2.用人单位禁止锁闭、封堵生产经营场所或员工宿舍出口。如果发现企业将自己置于危险境地，或将宿舍安排在封闭的、不安全的场所，应及时拒绝，维护自己的合法权益。

3.用人单位必须为从业人员提供符合国家标准或行业标准的劳动防护用品。

4.用人单位必须对员工进行安全生产培训，可以采取师傅带徒弟的做法。未经安全生产培训，可以拒绝上岗。

5.发现用人单位违反安全生产管理规定时应该及时举报。

6.员工需要及时报告和排除安全隐患，采取事故应急措施，但要保障自己的生命安全。事故隐患比较大时，应紧急避险、及时撤退，以减轻潜在危险。

第五节　职务违法代价高

作为员工，不管身处什么岗位都应该爱岗敬业、遵纪守法，尽最大努力为用人单位做出贡献，并发挥出自己的个人价值、实现自我理想。可惜，一些员工，尤其是身处重要岗位者，比如财会人员、采购人员、部门主管人员却利用职务上的便利做出违法的行为，给用人单位带来经济或其他方面的损失。

或许这些人能获得短期的利益，但是只要触犯了法律法规，其后果是非常严重的。轻则构成职务违法，面临承担经济赔偿、解除劳动关系或被开除的处罚；重则构成职务犯罪，比如职务侵占罪、挪用公款罪、非国家工作人员受贿罪等，被追究刑事责任。

一、案例

齐西是某公司财务部门的出纳，在公司工作多年，深得老板信任，全权负责管理公司财务，办理现金收支、银行结算等事项，以及保管库存现金、财务印章、各种票据等重要物品。2022年4月，齐西因炒股、买房等事由导致个人发生财务危机，急需大量资金来"补窟窿"。

在找家人朋友借款无果后，他突然想起之前某合作企业结算的一笔现金，已经很久没有动用了。于是，齐西便想着不如自己拿来先应应急，等过一段时间再补上也不迟。随即，齐西动用了这笔资金，且没被任何人发现。于是，有了第一次就有第二次、第三次……2022年5月~2023年3月，齐西多次私自挪用公司库存现金和账户里的资金，共计人民币5116130元，全部用于个人花销。2023年4月，齐西挪用资金的事情被公司发现，之后被抓获。到案后，齐西家人将房产卖掉，退缴全部违法所得。

之后，人民法院审理该案件，认为齐西作为公司财务人员，利用职务上的便利，违反国家规定，挪用资金归个人所用，数额较大，其行为构成挪用资金罪。

二、法理分析

私自挪用公司资金的行为可能构成挪用资金罪。《中华人民共和国刑法》第二百七十二条规定：公司、企业或者其他单位的工作人员，利用职务上的便利，挪用本单位资金归个人使用或者借贷给他人，数额较大、超过三个月未还的，或者虽未超过三个月，但数额较大、进行营利活动的，或者进行非法活动的，处三年以下有期徒刑或者拘役；挪用本单位资金数额巨大的，处三年以上七年以下有期徒刑；数额特别巨大的，处七年以上有期徒刑……有第一款行为，在提起公诉前将挪用的资金退还的，可以从轻或者减轻处罚。其中，犯罪较轻的，可以减轻或者免除处罚。

根据此规定可以看出，要构成挪用资金罪必须是利用职务上的便利，一般来说具有管理和经营财务职责的人，比如高级主管、财会人员，利用其拥有的职务便利构成此罪的比较多。

本案例中，齐西作为公司财务部门出纳，利用其职务便利挪用公司的资金，资金数额较大，即便退还非法所得，也同样构成犯罪，所以需要承担刑事责任。同时，国家工作人员更应该注意，其利用职务之便挪用资金的，罪行更为严重，量刑更重。

需要注意的是，职务违法和职务犯罪是有区别的。首先，触犯的相关法律不同，职务违法触犯的是劳动相关法律、法令、行政法规等，未达到《中华人民共和国刑法》规定的犯罪追诉标准，因此不会被追究刑事责任；而职务犯罪触犯的是《中华人民共和国刑法》，情节严重，造成的损失较大，会被追究刑事责任。本案例中，齐西挪用公司资金的数额较大，情节严重，已经构成职务犯罪。

三、知识扩展

因职务行为造成他人损害时，由谁负责？

员工在工作中造成他人损害，也就是说员工在履行职务行为的过程中对第三人造成损害的，应当由谁承担法律责任呢？

在这种情况下，用人单位是否承担责任，与其员工是否在执行工作任务有关。如果员工是按照用人单位的授权或者指示进行工作，那么应当由用人单位承担法律责任。如果员工的行为与工作无关，即使发生在工作时间，用人单位也不需要承担法律责任。

当然，用人单位在一定条件下可以向员工进行追偿。《民法典》第一千一百九十一条规定：用人单位的工作人员因执行工作任务造成他人损害的，由用人单位承担侵权责任。用人单位承担侵权责任后，可以向有故意或者重大过失的工作人员追偿。所以，如果员工因故意或者重大过失给他人造成损害，给用人单位造成损失的，用人单位可以向员工进行追偿。

那么，对于员工的职务侵权行为，用人单位是否可以向员工进行全部追偿呢？这首先应该根据双方的约定执行，在劳动合同或其他协议中双方约定了员工职务侵权行为的追偿责任及追偿比例，便需要按照约定履行。当然前提是用人单位未通过制定规章制度免除用人单位责任、加重劳动者责任、排除劳动者合法权益。否则其约定是无效的。

如果双方没有约定的话，用人单位可以向员工追偿全部的损失。不过，员工在经济地位上处于明显弱势，用人单位应对员工的职务行为承担一定经营风险，所以，双方可以对追偿行为进行协商，由用人单位承担较大比例。

如果协商不成，可以向人民法院起诉，由人民法院进行判决。

四、法条链接

《中华人民共和国刑法》

第二百七十二条　公司、企业或者其他单位的工作人员，利用职务上的便利，挪用本单位资金归个人使用或者借贷给他人，数额较大、超过三个月未还的，或者虽未超过三个月，但数额较大、进行营利活动的，或者进行非法活动的，处三年以下有期徒刑或者拘役；挪用本单位资金数额巨大的，处三年以上七年以下有期徒刑；数额特别巨大的，处七年以上有期徒刑。

国有公司、企业或者其他国有单位中从事公务的人员和国有公司、企业或者其他国有单位委派到非国有公司、企业以及其他单位从事公务的人员有前款行为的，依照本法第三百八十四条的规定定罪处罚……

第三百八十四条　国家工作人员利用职务上的便利，挪用公款归个人使用，进行非法活动的，或者挪用公款数额较大、进行营利活动的，或者挪用公款数额较大、超过三个月未还的，是挪用公款罪，处五年以下有期徒刑或者拘役；情节严重的，处五年以上有期徒刑。挪用公款数额巨大不退还的，处十年以上有期徒刑或者无期徒刑。

五、普法提示

职务违法犯罪行为，有的具有故意心理，有的则是主观上存在过失。但不管怎样，涉及违法犯罪，便面临着法律的制裁，其代价是非常高的。所以，在工作过程中，每个员工都应该树立遵纪守法的意识，切不可为了一己私欲而做出违法犯罪的行为。同时，要做到防微杜渐，不要认为利用职务便利做一些私事是不要紧的，如果把握不好尺度和底线，便会涉及职务违法或犯罪。

第八章

离职不离法

　　离职看起来很简单，可事实上，这里面涉及很多问题。离职涉及劳动合同解除，而劳动合同解除可以分为协议解除、单方解除和违法解除。不同的解除方式，对应的法律程序、法律责任是不同的，双方所承担的"分手费"也有所差别。因此，对于劳动者来说，合法离职才是最重要的。

第一节　员工与企业的"分手费"

根据解除原因不同,劳动合同的解除可以分为协议解除、单方解除和违法解除。协议解除,就是用人单位与劳动者协商一致解除劳动合同;单方解除,是享有解除权的一方当事人依据单方意思表示解除劳动合同;违法解除,是用人单位或劳动者违反法律规定解除劳动合同,需依照劳动法律的规定承担相应的法律责任。

不同的情况,对应的法律责任是不同的,员工与企业所承担的"分手费"也有所差别。而根据劳动法律的规定,"分手费"主要包括"三金",即赔偿金、经济补偿金和违约金。那么,这"三金"在什么情况下支付,员工和企业又该如何正确对待呢?

一、案例

韩美是某广告公司的员工,担任平面设计工作,每月工资7000元。2022年10月15日,该公司与韩美协商变更劳动合同,采取年薪制,每月基本工资5500元,剩余部分年底一次性结算。韩美不同意公司的这项调整,但是公司表示这是公司管理层的决定,作为员工必须同意。

之后几个月,韩美每月只拿到5500元工资,一气之下,韩美以该公司违法变更劳动合同为由提出解除劳动关系,并通过书面方式通知该公司。2023年3月1日,韩美向劳动仲裁委员会申请仲裁,要求该公司支付自己解除劳动关系的经济补偿金。

随后，劳动仲裁委员会作出裁决，责令该公司支付韩美解除劳动关系的经济补偿金，该公司不服，向人民法院提起诉讼。

二、法理分析

人民法院的裁决主要考察两个问题：一是劳动者解除劳动合同的原因是什么；二是劳动合同的解除是否符合《劳动合同法》规定的用人单位需支付"分手费"的条件。

本案例中，韩美解除劳动合同的原因是该公司违法变更劳动合同。人民法院经审理认为：根据《劳动合同法》相关规定，用人单位变更劳动合同，必须与劳动者协商一致。单方面变更劳动合同是无效的，不具有法律效力。本案例中，该公司与韩美就薪酬问题进行协商，但是未达成一致意见，韩美不同意变更劳动合同。然而，该公司却随意改变薪酬方式，由月薪制改为年薪制，违反了《劳动法》中"变更劳动合同必须协商一致"的要求。

同时，根据《劳动合同法》第四十条第三项的规定，劳动合同订立时所依据的客观情况发生重大变化，致使劳动合同无法履行，经用人单位与劳动者协商，未能就变更劳动合同内容达成协议的，用人单位提前三十日以书面形式通知劳动者本人或者额外支付劳动者一个月工资后，可以解除劳动合同。该公司违反了法律法规，损害了劳动者的权益，所以，法院支持韩美的主张，判定该公司支付韩美解除劳动合同的经济补偿金。

协商解除劳动合同时，用人单位应向劳动者支付经济补偿。劳动合同期满终止，用人单位维持或提高劳动合同约定条件来续约，劳动者不同意的话，用人单位不需要支付"分手费"。除此之外，用人单位都应当支付"分手费"。

需要注意的是，在用人单位有过错的情况下，劳动者解除劳动合同，用人单位需要支付"分手费"。若是用人单位无过错，劳动者单方面解除劳动合同，给其造成经济损失，需要承担赔偿责任。劳动者与用人单位签订竞业限制协议、培训服务协议后，如果违约的话，也需要支付违约金。

三、知识扩展

赔偿金、经济补偿金和违约金具体有什么不同？

用人单位和劳动者在劳动关系存续或解除过程中，由于违法、违约等情形的出现，涉及赔偿金、经济补偿金和违约金的情形比较多（如图8-1所示）。

赔偿金：造成损失后应支付的赔偿

经济补偿金：合同解除或终止后支付的补偿

违约金：违反协议或约定后支付的金钱

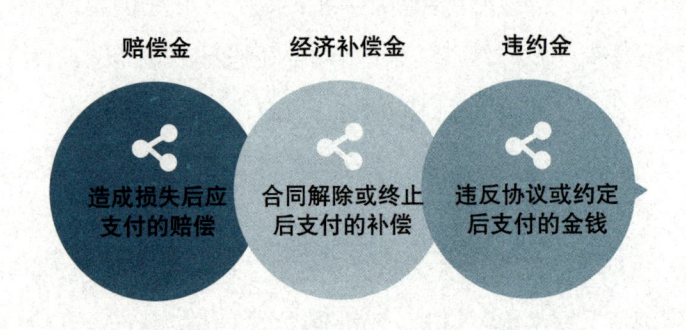

图8-1 赔偿金、经济补偿金、违约金的区别

（一）赔偿金：造成损失后应支付的赔偿。

赔偿金是指一方当事人因不履行或不完全履行合同义务，给对方当事人造成损失的情形下，按照法律和合同的规定所应承担的损害赔偿责任。

赔偿金可以分为：约定损害赔偿金和法定损害赔偿金。其中，法定损害赔偿金可以分为惩罚性法定损害赔偿金和补偿性法定损害赔偿金。比如，员工擅自离职，不进行工作交接，未完成手中的工作，导致公司遭受经济损失，便需要就所造成损失支付赔偿金。

（二）经济补偿金：合同解除或终止后支付的补偿。

经济补偿金是在劳动合同解除或终止后，用人单位依法一次性支付给劳动者的经济上的补助。按照《劳动法》相关法律法规规定，经济补偿金的支付标准应根据违反或解除合同的不同情况确定。大致可以分为以下四个标准：

1.违反《劳动法》和合同约定，克扣拖欠工资、拒不支付延长工作时间的工资报酬、支付低于当地最低工资标准的工资报酬的，用人单位应加发工资报酬和相当于低于当地最低工资标准部分的25%的经济补偿金；

2.劳动者因患病、非因工负伤而不能胜任工作，解除劳动合同的，用人单位按照其在本单位工作年限，每满1年支付相当于1个月工资的经济补偿金，同时还应支付不低于6个月工资的医疗补助费；

3.双方协商一致，或劳动者不能胜任工作，经培训或调岗后仍不能胜任的，用人单位解除劳动合同时，应按其在本单位工作年限支付经济补偿金，工作时间每满1年，支付相当于1个月工资的经济补偿金；

4.劳动合同订立时所依据的客观情况发生重大变化，劳动合同无法履行，双方协商后不能就变更合同达成协议，用人单位解除合同的，或者用人单位濒临破产、进行法定重整期间或生产经营状况发生严重困难，必须裁减人员的，应按照其在本单位工作年限支付经济补偿金，工作时间每满1年，支付相当于1个月工资的经济补偿金。

（三）违约金：违反协议或约定后支付的金钱。

违约金是按照当事人的约定或者法律直接规定，一方当事人违约的，应向另一方支付的金钱。当事人完全不履行或不适当履行合同时，必须按约定给付对方一定数额的金钱或者金钱以外的其他财产。

违约金可以分为：惩罚性违约金和补偿性违约金。违约金具有担保属性，且惩罚性越强，担保效力越强。比如，劳动者违反竞业限制协议时所支付的违约金属于惩罚性违约金，惩罚其不守约的行为。

四、法条链接

《中华人民共和国劳动合同法》

第四十六条 有下列情形之一的，用人单位应当向劳动者支付经济补偿：

（一）劳动者依照本法第三十八条规定解除劳动合同的；

（二）用人单位依照本法第三十六条规定向劳动者提出解除劳动合同并与劳动者协商一致解除劳动合同的；

（三）用人单位依照本法第四十条规定解除劳动合同的；

（四）用人单位依照本法第四十一条第一款规定解除劳动合同的；

（五）除用人单位维持或者提高劳动合同约定条件续订劳动合同，劳动者不同意续订的情形外，依照本法第四十四条第一项规定终止固定期限劳动合同的；

（六）依照本法第四十四条第四项、第五项规定终止劳动合同的；

（七）法律、行政法规规定的其他情形。

第四十七条 经济补偿按劳动者在本单位工作的年限，每满一年支付一个月工资的标准向劳动者支付。六个月以上不满一年的，按一年计算；不满六个月的，向劳动者支付半个月工资的经济补偿。

五、普法提示

赔偿金、经济补偿金和违约金这类"分手费"，是劳动者的合法权益。作为劳动者应该树立法律意识，分清哪种情况可以获得"分手费"，哪种情况无法获得。比如，如果用人单位违章指挥、强令冒险作业，危及劳动者人身安全，劳动者可以解除劳动合同，不需要通知用人单位，同时，可以向用人单位要求支付"分手费"，即解除劳动合同的经济补偿金。

同时，劳动者应该遵守《劳动法》《劳动合同法》的相关规定，尽量做到不违约、不非法离职。如果离职不合法，或者违反相关协议、约定，或者违反劳动纪律、用人单位相关规章制度，不仅拿不到"分手费"，还需要向用人单位支付违约金或赔偿金。

第二节　合法辞职很重要

辞职是劳动者的合法权利。虽然签了劳动合同，但是员工在公司做得不开心，或者对于薪资待遇不满意，或者用人单位未足额支付劳动报酬，可以选择辞职，再寻找好的发展平台。但是，辞职并非员工可以随心所欲的，不按照法律规定的流程离职，而是随意离开所在单位及所在的岗位，或者无故离职，便是违法的。如果员工擅自离职，对用人单位造成经济损失，还应当依法承担赔偿责任。

一、案例

雷洪是北京某旅行网站的运营人员，双方签订为期三年的劳动合同，期限是2021年4月8日~2024年4月7日，约定月工资为7000元。2023年3月，雷洪因公司时常安排加班且领导不履行"年终给予双倍奖励"的承诺，准备辞职。

雷洪找上司协商，提出想要离职的想法，谁知上司不仅未与其好好沟通，反而就其"加班不积极，表现不突出"的问题，给予严厉批评教育。本来就心有怨气的雷洪，晚上更是越想越气，当即给上司发信息说："我辞职，不干了！"第二天，雷洪便不去工作了，并约着朋友到三亚旅游去了。

一周后，雷洪接到劳动仲裁委员会的通知，说该公司向劳动仲裁委员会申请仲裁，要求裁定雷洪违法解除劳动合同，并另行赔偿对公司造成的经济损失。该公司称，雷洪未与己方协商一致，并未提前以书面形式通知己方解除劳动合同，擅自离职，是不合法的。同时，因雷洪擅自离职，未完成手上工作，也未与公司进行交接，导致该公司与客户违约，造成经济损失2万元，要求雷洪依法承担赔偿责任。

之后，劳动仲裁委员会表示支持该公司主张，裁定雷洪承担该公司的经济损失2万元。雷洪不服，向人民法院起诉，但也未得到支持。

二、法理分析

劳动合同依法订立，双方就形成了法律上的劳动关系，劳动者和用人单位都必须履行劳动合同规定的义务，直到劳动合同期满为止。当然，劳动合同是可以变更和解除的，《劳动法》第二十四条规定：经劳动合同当事人协商一致，劳动合同可以解除。《劳动合同法》也规定：用人单位与劳动者协商一致，可以解除劳动合同。

但是，《劳动合同法》第三十七条规定：劳动者提前三十日以书面形式通知用人单位，可以解除劳动合同。劳动者在试用期内提前三日通知用人单位，可以解除劳动合同。也就是说，劳动者有权解除劳动合同，但是要提前三十日以书面形式通知用人单位，否则就是违法的。这种违法行为若是给用人单位带来经济损失，劳动者还需要根据《劳动合同法》第九十条的规定，承担赔偿责任。

本案例中，雷洪对于该公司频繁安排加班和领导不履行承诺不满，可以依法解除劳动合同。但是，他并未按照法律规定与该公司协商，也没有通过书面形式通知该公司，而是只发了信息，便擅自离职。这种行为明显违反

《劳动法》和《劳动合同法》，他也应为违法行为付出代价，赔偿该公司的经济损失，同时也给自己的职业生涯抹了黑。

三、知识扩展

劳动者辞职需要用人单位批准吗？

虽然擅自离职是违法的，但是实践中，劳动者辞职时，用人单位总是以各种理由不批准。那么这种情况下，劳动者就只能忍受，不能辞职走人吗？事实并非如此。

劳动者辞职，属于单方面解除劳动合同，这分为两种情况：一是预告解除；二是即时解除。预告解除，是指劳动者仅需履行预告的程序性条件，而无须征得用人单位同意就可以解除劳动合同。预告辞职权，是劳动者劳动权的体现。法律之所以赋予劳动者预告辞职权，目的是让用人单位重视其劳动价值，主动地追求用人单位的发展目标和劳动者的个人价值相统一，维护劳动者合法权益，稳定劳动关系。

《劳动合同法》第三十七条规定，劳动者提前30日以书面形式通知用人单位，可以解除劳动合同。这就是预告解除，这种情况下，用人单位无须支付劳动者经济补偿金。

而即时解除，是指劳动者无须进行预告即可解除劳动合同。即时解除往往会直接影响用人单位的工作安排，导致其在没有准备的情况下缺少人员接替相关工作，导致工作无法正常进行下去。所以，劳动者行使即时解除权是有限制的，需要在用人单位存在过错的情形下才能行使该权利。

不管属于哪一种情况，劳动者辞职都不需用人单位批准。预告解除，劳动者提前30天通知用人单位，时间一到，就可以离职。即时解除，劳动者直接向用人单位提出解除劳动合同，解除通知到达用人单位时即生效。

四、法条链接

《中华人民共和国劳动法》

第二十四条 经劳动合同当事人协商一致,劳动合同可以解除。

《中华人民共和国劳动合同法》

第三十六条 用人单位与劳动者协商一致,可以解除劳动合同。

第三十七条 劳动者提前三十日以书面形式通知用人单位,可以解除劳动合同。劳动者在试用期内提前三日通知用人单位,可以解除劳动合同。

五、普法提示

对于劳动者来说,合法的辞职流程如下(如图8-2所示)。

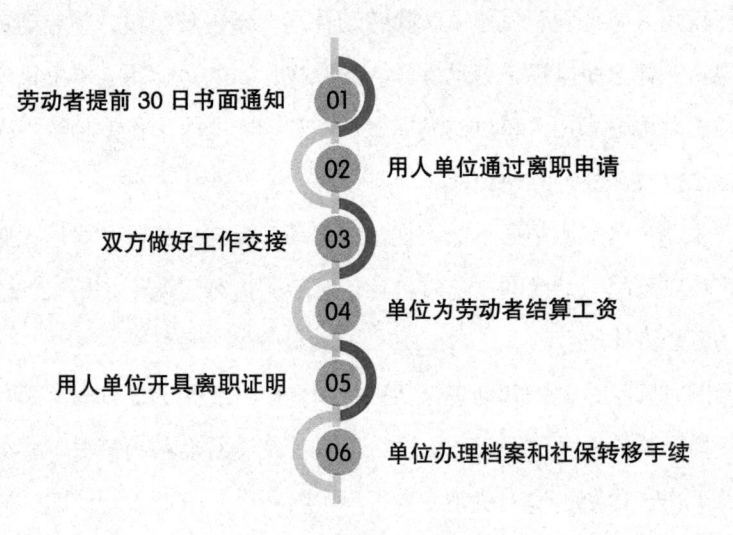

01 劳动者提前30日书面通知
02 用人单位通过离职申请
03 双方做好工作交接
04 单位为劳动者结算工资
05 用人单位开具离职证明
06 单位办理档案和社保转移手续

图 8-2 合法的辞职流程

如果劳动者第一步就走错了,擅自离职或无故离职,那么不仅需要承担法律责任,还将给自己后续的工作带来麻烦。这个问题我们在后面将详细讲解,这里不做赘述。

第三节　劳动合同终止的注意事项

劳动合同终止，是指劳动合同订立后，因出现某种法定的事实导致劳动合同的法律效力依法消灭。劳动合同终止，意味着用人单位与员工间原有的权利与义务不复存在。

根据《劳动法》规定，劳动合同终止包括两种情况：一是劳动合同期满；一是当事人约定的合同终止的条件出现。

一、案例

康明于2020年3月2日，进入北京某大厦后勤管理公司从事保全工作，签订为期三年的劳动合同，合同期限到2023年3月1日。在此期间，康明认真负责，多次受到领导的赞扬与奖励。2023年2月28日，该公司人事主管书面通知康明因合同到期终止劳动合同，不再与其续约。

康明本意想继续留在公司工作，但公司表示不再续约，也只能离开。事后，康明与朋友谈起此事，朋友表示该公司涉嫌违反《劳动合同法》，因为合同到期时，不管用人单位是续约还是不续约，都需要提前一个月通知劳动者，与其协商办理相关事宜。于是，康明向劳动仲裁委员会申请仲裁，要求该公司支付经济补偿金。不过，该公司认为在劳动合同到期终止的情况下，用人单位不需要给予经济补偿。

劳动仲裁委员会审理该案件时，认为根据法律规定双方劳动合同期满终止，需要提前30天通知劳动者，但是用人单位并未提前30天通知，违反了相关法律规定，于是仲裁委员会裁决：该公司向康明支付3个月工资作为经济补偿。

该公司不服，提起诉讼，人民法院支持劳动仲裁委员会裁决，驳回其请求。

二、法理分析

根据《劳动合同法》规定，劳动合同期满终止或者当事人约定的劳动合同条件出现，劳动合同即行终止。劳动合同因合同期满自然终止的，用人单位不用支付劳动者经济补偿金。

那么，为什么劳动仲裁委员会和人民法院会裁决该公司支付经济补偿金呢？

因为该公司并未提前30天通知康明，未与其协商办理续签或终止劳动合同的相关事宜。虽然《劳动法》和《劳动合同法》并未明确规定劳动合同期满终止时，是否需要提前通知劳动者。但是，一些地方性法规有规定，比如北京市规定应提前30天通知，所以本案例中该公司违反了《北京市劳动合同规定》，其行为也是不合法的。

同时根据《劳动合同法》第四十六条规定，存在法律、行政法规规定的其他情形时，用人单位应当向劳动者支付经济补偿。因此，该公司应当支付康明经济补偿金，康明在该公司工作3年，其经济补偿金为3个月工资。

事实上，在之前的劳动法规中有一个重要概念"代通知金"。用人单位解除劳动合同或终止劳动合同时，在应该提前一个月通知的情况下，未提前通知，需要给予劳动者代通知金。现在这个概念已经被取消，但是在实操中，很多仲裁部门仍会按照代通知金的规定执行。这个代通知金并不等于经济补偿金，北京等地区做出以上规定，也是出于用人单位应给予劳动者未提前通知的赔偿的考虑。

需要注意的是，劳动合同的终止时间，应当以劳动合同期限最后一日的24时为准。劳动合同终止时，用人单位应当向员工出具终止劳动合同证明书，并载明劳动合同期限、终止劳动合同的日期，以及员工的工作岗位、在本用人单位的工作年限等。用人单位必须出具终止劳动关系的书面通知，并且送达给员工。如果没有书面通知，或者没送达员工手中，那么劳动争议发生时，员工有权争取自己的权利。

三、知识扩展

劳动合同终止与劳动合同解除有什么区别？

虽然劳动合同终止与劳动合同解除有共同之处，即双方劳动关系的消失，但是，两者有以下区别（如图8-3所示）。

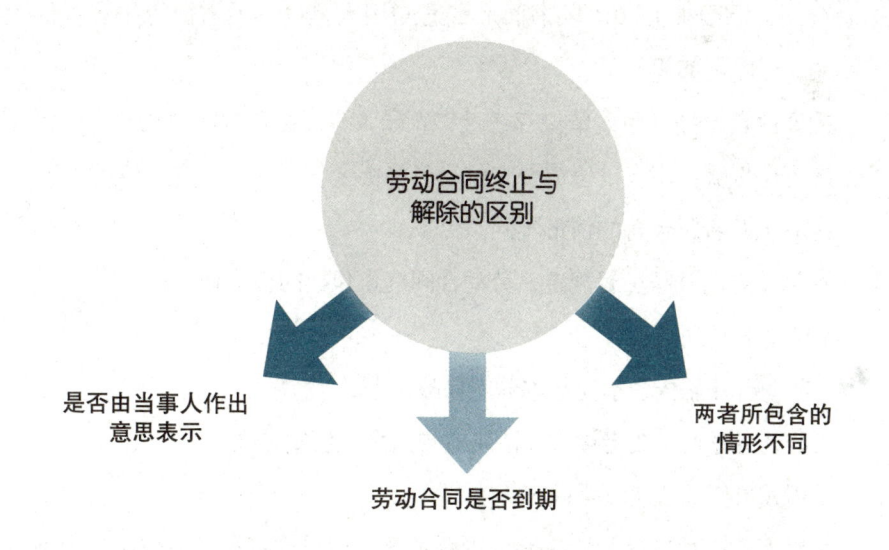

图8-3 劳动合同终止与解除的三个区别

（一）是否由当事人作出意思表示。

劳动合同终止，一般不涉及用人单位与员工的意思表示，只要一定的法定事实出现，双方的劳动关系就不复存在了。

劳动合同解除，则是用人单位或员工单方面解除，或双方协商后共同解除劳动关系的意思表示。

（二）劳动合同是否到期。

劳动合同终止，当事人双方的劳动合同到期。劳动合同解除，当事人双方的劳动合同未到期。

因为存在劳动合同是否到期的问题，所以两者的程序有所不同，给予员工的补偿金也不同。劳动合同终止，劳动合同期满时用人单位不再与员工续签，按照一般法律规定是不需要提前通知的，也不需要支付补偿金。而劳动合同未到期，用人单位主动与员工解除劳动合同，需要提前30天通知员工，并按照工作时间年限每满1年给予1个月工资的补偿金。如果是员工提出解除劳动合同，需要提前30天以书面形式通知用人单位，无需征得用人单位同意，30天后即可离职。

需要注意的是，用人单位存在过错，导致员工被迫解除劳动合同，比如未及时支付报酬，用人单位需要支付经济补偿金。

（三）两者所包含的情形不同。

根据《劳动合同法》规定，劳动合同终止包括的情形如下：

1.劳动合同期满；

2.劳动者开始依法享受基本养老保险待遇；

3.劳动者死亡，或者被人民法院宣告死亡或者宣告失踪；

4.用人单位被依法宣告破产；

5.用人单位被吊销营业执照、责令关闭、撤销或者用人单位决定提前解散等。

劳动合同解除包括的情形主要有：

1.当事人双方协商一致解除；

2.员工主动辞职；

3.员工被迫解除；

3.用人单位单方面辞退劳动者等。

四、法条链接

《中华人民共和国劳动合同法》

第四十四条 有下列情形之一的，劳动合同终止：

（一）劳动合同期满的；

（二）劳动者开始依法享受基本养老保险待遇的；

（三）劳动者死亡，或者被人民法院宣告死亡或者宣告失踪的；

（四）用人单位被依法宣告破产的；

（五）用人单位被吊销营业执照、责令关闭、撤销或者用人单位决定提前解散的；

（六）法律、行政法规规定的其他情形。

五、普法提示

除了合同期满终止外，当事人约定的合同终止的条件出现的话，劳动合同也依法终止。此时，作为劳动者应注意以下几点：

1.劳动者依法享受基本养老保险待遇，劳动合同终止。不过，劳动者达到退休年龄，不代表开始依法享受基本养老保险待遇，如果累计缴纳基本养老保险费不满15年，则不能享受基本养老保险待遇，劳动合同并不会终止。等到缴费至满15年，按月领取养老保险金后，劳动合同才终止。

2.用人单位宣告破产，劳动合同终止。这种情况，劳动者可以按照职工工龄，每满一年享受一个月工资的经济补偿金。用人单位不能以申请进入破产程序为由解除与劳动者的劳动合同。也就是说，用人单位申请破产，但在人民法院尚未宣告其破产期间，不得单方面与劳动者解除劳动关系，否则属于违法解除。

3.用人单位被吊销营业执照、责令关闭、撤销或者用人单位决定提前解散，劳动合同终止。在这种情况下，用人单位需要支付劳动者经济补偿。若是发生劳动争议，劳动者应该与用人单位和其出资人、开办单位或主管部门作为共同当事人，要求其承担相应责任。

第四节　什么是竞业限制

竞业限制是用人单位与知晓商业秘密的劳动者，在劳动合同、知识产权权利归属协议或技术保密协议中约定的限制劳动者就业的条款。

具体来说，知悉用人单位商业秘密或者对用人单位的经营有重大影响的劳动者，与用人单位解除劳动合同或终止劳动合同后，在一定期限内，不得到与原用人单位经营业务相同或有竞争关系的用人单位任职，也不得自己经营同类业务或生产同类产品。

一般来说，高级管理人员、高级技术人员或其他负有保密义务的人员入职时，用人单位会与其签订《竞业限制协议》，期限一般不超过两年。如果员工违反这类竞业限制协议，给用人单位带来经济损失，将面临承担违约金和经济赔偿的责任。

一、案例

于洲就职于某游戏软件开发公司，担任游戏开发程序员，签订为期五年的劳动合同，且与公司签订了《竞业限制协议》，期限为两年。协议中约定：在劳动合同期间和结束劳动关系后的两年内，未经许可不得利用其商业机密为任何第三方服务，不得到与原公司经营业务相同或有竞争关系的公司任职，也不得自己经营与本公司有竞争关系的同类业务。同时协议中还约定了保密协议的违约责任以及竞业限制的补偿办法。

2022年4月，于洲合同期满不再续约，该公司支付其竞业限制补偿金。可是，2023年4月，于洲便入职一家游戏技术开发公司，该公司与原公司有存在竞争关系的同类业务，且开发过与原公司产品同一类型的游戏软件。原公司知晓这件事后，认为于洲侵犯了其商业技术秘密并违反了《竞业限制协议》，以此为由向当地劳动仲裁委员会申请仲裁，要求其承担竞业限制协议违约的法律责任。

于洲拒绝承担赔偿责任，于是对原公司向人民法院提起诉讼。经审理，人民法院认定《竞业限制协议》属于双方真实意思表示，其中关于于洲承担竞业限制义务及相应违约责任的约定是合法的，应为有效。双方签订协议书时明确约定，双方结束劳动关系后的两年内，于洲不得到与原公司经营业务相同或有竞争关系的公司任职，而于洲违反了《竞业限制协议》，应依法按照约定承担违约责任。

二、法理分析

根据《劳动合同法》规定，劳动者违反本法规定解除劳动合同，或者违反劳动合同中约定的保密义务或者竞业限制，给用人单位造成损失的，应当承担赔偿责任。也就是说，有竞业限制义务的人员，到与原公司生产或者经营同类产品、从事同类业务的有竞争关系的其他公司任职，或者自己从事同类业务或者生产同类产品，即构成违反竞业限制义务。这种情况下，即使新公司未与原公司形成强有力的竞争，或未造成实质性经济损失或其他后果，劳动者也需要承担违约责任。

本案例中，于洲与原公司签订了《竞业限制协议》，约定期限为两年，但是他在一年后便到与原公司存在竞争关系的公司入职，显然违反了劳动法规的相关规定。

需要注意的是，竞业限制的对象、限制范围、限制期限应该按照法律相关规定，由用人单位与劳动者约定。但是，其约定不能违反法律、法规的规定。比如，《劳动合同法》规定，竞业限制的人员限于用人单位的高级管理人员、高级技术人员和其他负有保密义务的人员；竞业限制范围应该是与本单位生产或者经营同类产品、从事同类业务的有竞争关系的其他用人单位，如果把范围扩大到生产经营相似产品、从事相似业务的用人单位，或者扩大到某一行业，那么就是违法的；竞业限制期限不得超过两年，若是用人单位约定三年，那么其协议就是无效的。

最后，用人单位与劳动者签订《竞业限制协议》，必须按照限制期限按月支付其经济补偿，一般为12个月平均工资的30%。如果不支付经济补偿，或者补偿金不符合法律标准，那么其协议就是无效的，劳动者不需要遵守该协议。

三、知识扩展

竞业禁止与竞业限制有何区别？

竞业禁止与竞业限制有很多相似之处，但是其本质存在很大区别，具体如下（如图8-4所示）。

（一）义务的区别。

竞业禁止是法定义务，不能约定解除，只要是董事、高级管理人员都必须履行。竞业限制是约定义务，事先没有约定，员工就不需要遵守竞业限制。企业违反竞业协议承诺，未支付补偿，员工催告后仍不补偿的，员工有权解除协议，不承担相应的竞业限制义务。

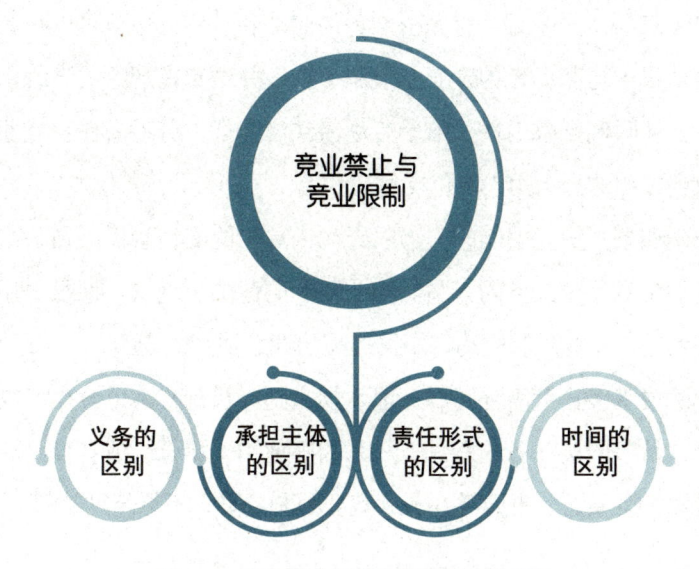

图 8-4 竞业禁止与竞业限制的四个区别

（二）承担主体的区别。

竞业禁止的承担主体是公司董事、高级管理人员。竞业限制的承担主体包括高级管理人员、高级技术人员或其他负有保密义务的人员。

前者的承担主体是在职人员，后者的承担主体是离职人员。

（三）责任形式的区别。

违反竞业禁止协议，员工需要承担侵权责任。违反竞业限制协议，员工需要承担违约责任，或是违约责任和侵权责任。

（四）时间的区别。

只要承担主体在职，就必须一直履行竞业禁止的相关义务。而超过两年竞业限制期限后，离职人员就不需要履行相关义务了。

四、法条链接

《中华人民共和国劳动合同法》

第二十三条 ……对负有保密义务的劳动者，用人单位可以在劳动合同或者保密协议中与劳动者约定竞业限制条款，并约定在解除或者终止劳动合同后，在竞业限制期限内按月给予劳动者经济补偿。劳动者违反竞业限制约定的，应当按照约定向用人单位支付违约金。

第二十四条 竞业限制的人员限于用人单位的高级管理人员、高级技术人员和其他负有保密义务的人员。竞业限制的范围、地域、期限由用人单位与劳动者约定，竞业限制的约定不得违反法律、法规的规定。

在解除或者终止劳动合同后，前款规定的人员到与本单位生产或者经营同类产品、从事同类业务的有竞争关系的其他用人单位，或者自己开业生产或者经营同类产品、从事同类业务的竞业限制期限，不得超过二年。

五、普法提示

竞业限制是对离职员工的一种约束，目的是保障原企业的商业秘密不被泄露、维护其竞争优势，避免对原企业的生产经营造成不良影响。竞业限制是以劳动者的自由权和择业权为代价的，会减少劳动者的就业机会。

那么，关于竞业限制协议，员工还应注意哪些事项呢（如图8-5所示）？

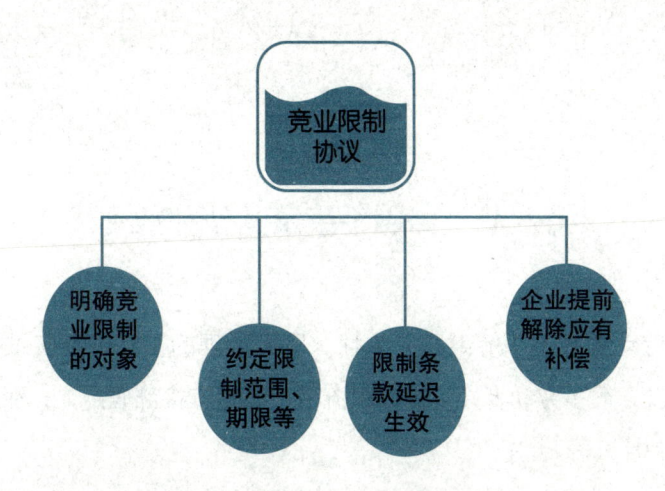

图 8-5　竞业限制协议的四个注意事项

1.明确竞业限制的对象。如果你只是普通员工，工作中也不可能接触到商业机密，应拒绝与原企业签订竞业限制协议。

2.约定限制范围、期限等。签订竞业限制协议时，应要求企业对竞业限制范围、地域、期限、补偿金等重要内容作出约定，且确保其合理性、合法性。

3.限制条款延迟生效。竞业限制条款在劳动合同中为延迟生效条款，往往是劳动合同中的其他条款的法律约束力结束后，该条款才开始生效。

4.企业提前解除应有补偿。在竞业限制期限内，企业可以请求解除竞业限制协议，但是在解除协议时，企业应当额外支付员工三个月的经济补偿。如果企业不支付额外补偿，员工可以申请劳动仲裁。

第五节　离职手续及其法律效力

一些劳动者并不了解离职的流程、所需办理的手续以及应维护的相关权利。所以，很多劳动者并不走离职流程，而是直接辞职走人，潇潇洒洒地"不带走一片云彩"。

实际上，这种做法是错误的。直接走人，不交接工作，会给原公司带来很多麻烦；不开离职证明，也会给自己后续入职新公司以及续缴社会保险等事宜带来不小阻碍。

一、案例

2023年5月10日，任职某管理咨询公司的沈聪升职无果后提出离职，并与公司多次协商解除劳动合同相关事宜。同月24日，沈聪正式离职，办理了工作交接，填写了离职手续办理表，归还相关文件与物品，并签订了离职确认书。其中，离职确认书载明：沈聪于2021年7月1日入职本公司，离职前岗位为咨询经理，于2023年5月24日正式离职，相关离职手续已经办理完毕。自离职之日起，双方已无任何法律和经济责任关系。

几天后，沈聪再次来到公司，要求支付自己2023年度年终奖以及2023年4~5月的加班费。但是，公司认为沈聪已经按照流程办理完离职手续，不同意支付所谓的奖金和加班费。为此，沈聪申请劳动仲裁，劳动仲裁委员会未支持其主张，随后沈聪向人民法院起诉。

审理过程中，沈聪认为离职确认书不符合法律规定，离职证明才具有法律效力，公司并未开具离职证明，表明自己的离职流程并未走完，所以公司应向自己支付奖金及加班费。而公司则认为，双方签订离职确认书是自愿的，且离职确认书载明"相关离职手续已经办理完毕"，沈聪的要求是不合理的。最后，法院的判决结果是驳回沈聪的请求，支持劳动仲裁委员会的裁决。

二、法理分析

为什么仲裁委员会和人民法院都不支持沈聪的请求呢？

首先从双方所签订的离职确认书来看，离职确认书是双方自愿签订的，是双方意思一致的表示。确认书载明：相关离职手续已经办理完毕。自离职之日起，双方已无任何法律和经济责任关系。也就是说，双方已经办理完离职手续，没有未尽事宜。沈聪在离职流程走完后，签订离职确认书，即表明对此无异议。

其次，沈聪于2023年5月10日提出离职，期间经过与公司多次协商，于5月24日正式离职，然后办理工作交接，填写相关资料、表格，归还相关文件与物品，符合正常的离职流程。所以，沈聪以公司未开具离职证明为由，要求判定离职确认书无效是不合理的。

同时，《最高人民法院关于审理劳动争议案件适用法律若干问题的解释（一）》第三十五条规定：劳动者与用人单位就解除或者终止劳动合同办理相关手续、支付工资报酬、加班费、经济补偿或者赔偿金等达成的协议，不违反法律、行政法规的强制性规定，且不存在欺诈、胁迫或者乘人之危情形的，应当认定有效。前款协议存在重大误解或者显失公平情形，当事人请求撤销的，人民法院应予支持。

最后，沈聪和公司都在离职确认书上签字或盖章，所以该离职确认书应视为双方就解除劳动合同所达成的协议，其法律效力等同于离职证明。该协议不存在违反法律、欺诈、威胁等情况，所以是有效的。在签订离职确认书时，沈聪因为疏忽大意，未发现公司未支付自己相关奖金和加班费就签字，属于自身原因所导致的损失，应该为自己的疏忽负责。

三、知识扩展

离职证明或解除劳动合同证明有什么作用？

离职证明或解除劳动合同证明是劳动者曾经在用人单位工作的重要证据。在离职过程中，用人单位有义务为劳动者开具离职证明或劳动关系终止确认书。

离职证明的作用就是证明劳动者已经与原用人单位不存在劳动关系，入职新用人单位时处于无劳动关系状态。因为一个劳动者不允许、不可能同时存在两个劳动关系。从时间节点上来说，用人单位出具离职证明一般晚于解除或者终止劳动合同，以至于很多用人单位不给劳动者开具离职证明。所以，如果遇到用人单位拒绝出具离职证明的情况，劳动者需要及时向劳动仲裁委员会申请仲裁。只要能证明双方劳动关系解除或终止，其诉求就会得到支持。

离职证明的作用，主要表现在以下几个方面（如图8-6所示）。

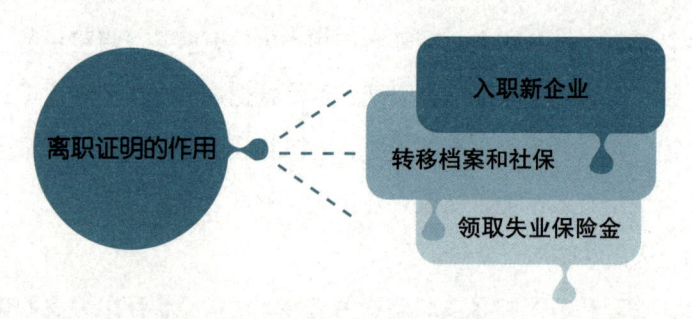

图 8-6 离职证明的三个作用

1.入职新企业。为确保录用人员当前与其他企业或单位没有劳动关系，大部分企业会要求入职员工提供离职证明。如果没有离职证明，劳动者可能无法正常入职。

2.转移档案和社保。离职后，原企业不再为离职员工缴纳社会保险，而停缴社会保险和转移社会保险关系都需要有离职证明。同时，转移人事档案也需要有离职证明，有了离职证明，新企业和档案管理部门才能转移其人事关系。

3.领取失业保险金。劳动者离职后，还可以享受一段时间失业保险待遇。而领取失业保险金，也需要提交离职证明，否则社保部门将不予办理。

四、法条链接

《最高人民法院关于审理劳动争议案件适用法律若干问题的解释（一）》

第三十五条　劳动者与用人单位就解除或者终止劳动合同办理相关手续、支付工资报酬、加班费、经济补偿或者赔偿金等达成的协议，不违反法律、行政法规的强制性规定，且不存在欺诈、胁迫或者乘人之危情形的，应当认定有效……

五、普法提示

当跳槽、离职成为普遍现象时，随之而来的是入职、离职的各种繁杂的手续。如果劳动者不了解离职的流程，不知晓自己应争取的权益和应尽的义务，便会给后续工作带来麻烦。

在办理离职时，我们需要注意以下事项：

1.员工提出辞职时，公司要依法开具离职证明，员工也应该做好交接，将手头的工作安排好，而不是有所隐瞒或是故意删除相关文件。

2.公司开具离职证明不能附带其他条件，比如未完成交接，不开具离职证明；缴纳费用才能开具离职证明等。

3.拿到公司出具的离职证明时，一定注意公司是否据实开具离职证明，内容是否出现笔误，其工作年限、职务岗位、离职原因的记载是否属实。尤其要看离职证明是否存在对员工的负面评价，或者歪曲事实的表述。如果存在的话，一定要及时向公司提出更改，如果遭到拒绝，可以通过仲裁或诉讼的途径来维护自身权益。

第六节　人走茶不凉

员工离职后，是不是与原用人单位就没有任何关系了？员工需要开离职证明、转社保关系和档案时，原用人单位可以不予理会甚至直接拒绝吗？答案是当然不行。

员工离职，意思是双方劳动关系解除，双方之间的相关权利义务关系消失，但是这不代表双方不再存在任何关系。从劳动法角度来说，双方还有一些其他的附随性、事务性工作需要完成，即员工和用人单位都必须履行一些劳动法规领域的附随义务。之前我们讲到的保密义务、竞业限制、办理离职证明等都属于附随义务的范畴。

那么，附随义务还包括哪些内容，不履行该义务又应承担什么法律责任呢？

一、案例

杜曼就职于某餐饮管理公司，因与领导意见不合闹得不愉快，工作也不好开展。与其别别扭扭地工作，不如痛快地辞职，选择新的工作环境。于是，杜曼提出离职，并很快找到新工作。

新公司入职后，杜曼到社保局申请社会保险关系转移，被告知需要到原公司开具离职证明，并办理社保结算和相关封存转移手续。因为原公司开具了离职证明或解除劳动合同证明书，才能证明员工属于离职状态，已经解除了劳动关系。

杜曼来到原公司请求人事部门开具离职证明并找领导签字盖章，但是领导竟表示拒绝，说杜曼已经离职走人，与公司和领导没有任何关系了，自己没有义务帮她这个忙。尽管杜曼说尽好话，但是领导仍冷言以待。

杜曼回到社保局，拿出离职申请表和劳动合同解除协议找工作人员交涉，但是工作人员表示转社保关系是有严格的程序的，必须要有原公司开具的离职证明，且是经过劳保部门备案登记的离职证明。同时，工作人员表示，原公司有义务给离职员工开具离职证明，并在办理离职手续后进行社保结算。

于是，杜曼再次回到原公司，可领导就是不同意签字盖章，无奈只好向劳动仲裁委员会申请仲裁，要求责令原公司为其开具离职证明和转出社保关系。经审理，劳动仲裁委员会裁决原公司为杜曼开具离职证明和社会保险关系转移手续。

二、法理分析

本案例中，这家餐饮管理公司拒绝为杜曼开具离职证明和转出社保关系的行为是违法的。

依照《劳动合同法》等相关法律规定，用人单位应当在解除或者终止劳动合同时出具解除或者终止劳动合同的证明，并在15日内为劳动者办理档案和社会保险关系转移手续。劳动者应当按照双方约定，办理工作交接。用人单位依照有关法律规定应当向劳动者支付经济补偿的，在办理工作交接时支付。

社保关系的转移手续不是劳动者可以独自办理的，需要原用人单位配合出具相关文件材料才能正常办理。如我们前面所说，离职证明是劳动者入职新单位、转入社保、办理公积金领取手续、领取失业保险金以及办理档案转移的重要凭证。同时，转出社保手续也是原单位应履行的义务，从原单位转出社保，转入新单位，社保才不会断供。如果原单位不转出、不缴费，劳动者的社会保险欠费，便无法享受相应权益。所以，原单位应及时履行附随义务，依法为劳动者开具离职证明并办理社会保险关系转移手续，否则一旦给劳动者造成损失，不仅要为其补缴滞纳金在内的社会保险费用，还将受到相应的经济处罚。

三、知识扩展

附随义务包括哪些内容？

附随义务是指合同关系发展过程中及合同关系终止后的一定时期内，依照诚实信用原则当事人所应负担的给付义务以外的义务。在合同关系中附随义务居于从属地位。它是随着当事人缔约、履约和履约后关系的建立、存续而产生和发展的。

不管是用人单位还是劳动者在劳动关系解除或终止后，都有一定的附随义务（如图8-7所示）。

用人单位
办理离职手续；
支付经济补偿；
退还档案等物品。

劳动者
办理工作交接；
履行保密义务；
履行竞业限制协议；
支付违约金或赔偿金。

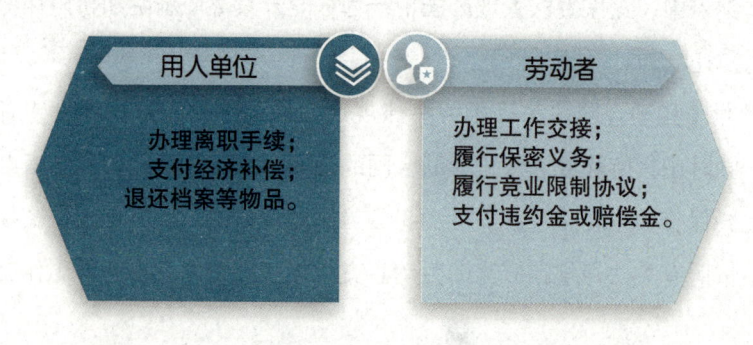

图8-7 用人单位与劳动者的附随义务

一是对于用人单位来说，附随义务主要有以下几个方面：

1.为员工办理离职的各种手续，比如开具离职证明、将离职员工的档案重新归档并结算工资；给退休人员办理退休手续、发放社保部门出具的退休证件；给员工办理社保关系转移手续；办理档案转移交接手续。

2.支付各种经济补偿，比如解除劳动合同的经济补偿金、为工伤员工支付一次性伤残就业补助金、为加班员工支付加班费、为竞业限制员工支付竞业限制补偿金等。

3.退还用人单位扣押员工的档案或者其他物品，包括个人证件、资质证书或在职时的个人办公用品等。

二是对于劳动者来说，附随义务主要有以下几个方面：

1.办理工作交接手续，将工作进度向领导如实陈述；归还单位发放的电脑、手机等重要办公用品；归还单位的印章、钥匙以及账户密码等；归还单位的工作证、工作服等。

2.履行保密义务，保守原单位的商业机密，不可随意告知或出卖给新单位或其他单位。

3.履行竞业限制协议，在竞业限制期间内不得违反竞业限制所规定的内容。

4.支付违约金或赔偿金，若是因失职给原单位造成经济损失，应支付相应赔偿金；若违反了服务期义务，损害了原单位的利益，也应该支付赔偿金。

用人单位和劳动者若是不履行附随义务，需要承担法律后果。比如用人单位如果不及时为劳动者转移社保、档案，给其造成损失，需要支付其经济赔偿金。而劳动者若是离职时不积极做好交接，给用人单位的日常管理工作造成麻烦和损失，也需要承担赔偿责任。劳动者若是泄露商业机密，还可能被追究刑事责任。

四、法条链接

《中华人民共和国劳动合同法》

第五十条　用人单位应当在解除或者终止劳动合同时出具解除或者终止劳动合同的证明，并在十五日内为劳动者办理档案和社会保险关系转移手续。

劳动者应当按照双方约定，办理工作交接。用人单位依照本法有关规定应当向劳动者支付经济补偿的，在办结工作交接时支付。

用人单位对已经解除或者终止的劳动合同的文本，至少保存二年备查。

五、普法提示

附随义务是法定义务，不管是用人单位还是劳动者都必须履行。而对于劳动者来说，应该增强法律意识，一旦遇到原单位领导的不配合或是恶意刁难，要及时向劳动仲裁委员会进行投诉，拿起法律武器保护自己。

同时，劳动者也要遵守法律法规，注意维护自身的职业操守和形象，避免做出违背职业道德的行为，否则不仅给自己的职业生涯带来污点，还可能承担法律风险。

第七节　失业后的保障

由于种种原因，劳动者可能面临失业或不在岗的困境，比如因为经济性裁员而失业，或与原公司解除劳动合同却没有找到合适的新公司，或者面临停薪留职、请长假等情况。不管什么原因，劳动者没有工作，便不能领取报酬，自然就失去了经济来源，无法维持日常生活。

这时候，失业保险就派上大用场了。根据我国法律规定，失业人员只要满足一定条件，就可以享受失业保险待遇，让劳动者不至于因为失业或不在业而中断生活来源。

一、案例

江靖从2018年12月开始在某旅游公司工作，该公司依法为其缴纳失业保险费。2021年12月合同到期，因为想跳槽到更好的平台，他选择不续签劳动合同，结果却与新公司谈崩了，导致自己失业三个月。期间，江靖并未申请领取失业保险金。三个月后，江靖找到新工作，在一家经营境外旅游的公司重新就业并参加失业保险。

可惜的是，四个月后，由于客观原因，新公司业务量骤降，出现经营困难、资金周转困难的情况，无法按时足额发放员工薪资。于是，该公司与江靖等员工协商解除劳动合同，江靖同意解除劳动合同，再次失业四个月。

江靖因为未找到心仪的工作，于是向社会保险经办机构申请领取失业保险金。

那么，江靖是不是可以把两次失业保险金合并领取呢？领取保险金的期限最长是多少时间呢？

二、法理分析

根据《失业保险金申领发放办法》第十五条规定，失业人员在领取失业保险金期间重新就业后不满一年再次失业的，可以继续申领其前次失业应领取而尚未领取的失业保险金。但是，《失业保险条例》第十四条明确规定，领取失业保险金必须满足以下三个条件：

1.按照规定参加失业保险，所在单位和个人已经按照规定履行缴费义务满一年的；

2.非因本人意愿中断就业的；

3.已办理失业登记，并有求职要求的。

也就是说，江靖虽然在领取失业保险金期间重新就业后不满一年再次失业，但是不能将两次合并领取失业保险金。因为第一次失业，是他自己选择不与用人单位续约导致的，不符合"非因本人意愿中断就业"的情况。

而根据《失业保险金申领发放办法》等有关规定，非因本人意愿中断就业的包括以下几种情况：

1.终止劳动合同的；

2.被用人单位解除劳动合同的；

3.因用人单位不按规定提供劳动条件，提出解除劳动合同的；

4.根据《劳动法》第三十二条规定，劳动者可以随时通知用人单位解除劳动合同的情形；

5.法律、法规另有规定，劳动者可以解除劳动合同的情形。

但是，换一种情况，如果合同到期后，该公司选择不续约，那么江靖就符合领取失业保险金的条件，第一次失业也可以领取失业保险金。由于第一次并未申请，只要他能证明期间处于失业状态，就可以两次合并领取保险金。根据《社会保险法》第四十六条规定，失业人员失业前用人单位和本人累计缴费满一年不足五年的，领取失业保险金的期限最长为十二个月；累计缴费满五年不足十年的，领取失业保险金的期限最长为十八个月……

江靖失业前缴纳时间为3年，所以可以领取保险金的期限最长为12个月。而他的失业时间为7个月，所以可以领取7个月的失业保险金。

三、知识扩展

领取失业保险金需要办理哪些手续？

领取失业保险金之前，要进行失业登记。如何进行失业登记呢？如何办理领取失业保险金的相关手续呢？具体包括以下流程（如图8-8所示）。

01 用人单位进行备案 → 02 失业人员办理失业登记 → 03 失业保险经办机构公布 → 04 失业保险金申领

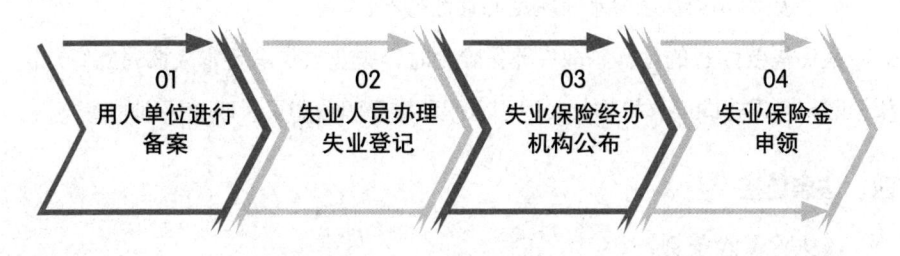

图8-8 领取失业保险金的流程

（一）用人单位进行备案。

即用人单位应为员工出具终止或者解除劳动关系的证明，告知其应当享受失业保险待遇的权利，并将失业人员名单在自终止或解除劳动关系之日起的7个工作日内送到失业保险经办机构备案，把失业人员档案提交失业保险经办机构审核。

（二）失业人员办理失业登记。

失业人员应持本单位出具的终止或者解除劳动关系的证明等有关材料，在60日内到失业保险经办机构办理失业登记。

（三）失业保险经办机构公布。

失业保险经办机构应在15日内审核确认失业人员享受失业保险待遇的资格和期限，并予以公布。

（四）失业保险金申领。

失业保险经办机构公布之后，失业人员就可以领取失业保险金。进行失业保险金申领时，失业人员需要填写《失业保险金申领表》，并出示以下证明材料：

1. 本人身份证明；

2. 所在单位出具的终止或者解除劳动合同的证明；

3. 失业登记及求职证明；

4. 省级劳动保障行政部门规定的其他材料。

最后需要注意的是，领取失业保险金时，失业人员需要本人按月到经办机构领取，还需要向经办机构如实说明求职和接受职业指导、职业培训的情况。

四、法条链接

《失业保险条例》

第十四条 具备下列条件的失业人员，可以领取失业保险金：

（一）按照规定参加失业保险，所在单位和本人已按照规定履行缴费义务满1年的；

（二）非因本人意愿中断就业的；

（三）已办理失业登记，并有求职要求的。

失业人员在领取失业保险金期间，按照规定同时享受其他失业保险待遇。

《失业保险金申领发放办法》

第五条 失业人员失业前所在单位，应将失业人员的名单自终止或者解除劳动合同之日起7日内报受理其失业保险业务的经办机构备案，并按要求提供终止或解除劳动合同证明等有关材料。

第六条 失业人员应在终止或者解除劳动合同之日起60日内到受理其单位失业保险业务的经办机构申领失业保险金。

第十五条 经办机构根据失业人员累计缴费时间核定其领取失业保险金的期限。失业人员累计缴费时间按照下列原则确定：

（一）实行个人缴纳失业保险费前，按国家规定计算的工龄视同缴费时间，与《条例》发布后缴纳失业保险费的时间合并计算。

（二）失业人员在领取失业保险金期间重新就业后再次失业的，缴费时间重新计算，其领取失业保险金的期限可以与前次失业应领取而尚未领取的失业保险金的期限合并计算，但是最长不得超过24个月。失业人员在领取失业保险金期间重新就业后不满一年再次失业的，可以继续申领其前次失业应领取而尚未领取的失业保险金。

《中华人民共和国社会保险法》

第四十六条 失业人员失业前用人单位和本人累计缴费满一年不足五年的，领取失业保险金的期限最长为十二个月；累计缴费满五年不足十年的，领取失业保险金的期限最长为十八个月……

五、普法提示

失业保险是国家和法律给予失业员工的一种保障，可以保障其在失去经济来源期间的基本生活。除了领取失业保险金之外，根据相关法律规定，失业人员还可以享受以下福利待遇：

1.领取失业保险金期间，参加职工基本医疗保险，享受基本医疗保险待遇，且个人不缴纳基本医疗保险费。

2.在领取失业保险金期间死亡的，其遗属可以领取一次性丧葬补助金和抚恤金。

3.有些地区对于失业人员有特殊照顾，在领取失业保险金期间患危重病的，除了按前款规定给予补助外，个人及其家庭负担仍确有困难的，可以给予一次性补助。

当然，劳动者需要明确一点：除了在岗职工之外，停薪留职、请长假、外借外聘、内退等在册不在岗职工，进入再就业服务中心的下岗职工，以及与本单位建立劳动关系的临时工和农民合同制工人都可以参加失业保险。所以，劳动者一定要增强法律意识，及时要求用人单位为自己缴纳失业保险费。如果失业了，及时进行失业登记和保险金的申领。